四部要籍選刊·經部 蔣鵬翔 主編

阮刻孟子注疏解经 三

〔清〕阮元 校刻

浙江大學出版社

本册目録

孟子注疏解經卷第七下

離婁章句上　趙氏注　孫奭疏

孟子曰：桀紂之失天下也，失其民也；失其民者，失其心也。失其民之心，則天下畔之，簞食壺漿以迎武王之師是也。得天下有道：得其民，斯得天下矣。得其民有道：得其心，斯得民矣。得其心有道：所欲與之聚之，所惡勿施爾也。欲得民心，聚其所欲而與之。爾，近也。勿施行其所惡，使民近，則民心可得矣。民之歸仁也，猶水之就下、獸之走壙也。故爲淵敺魚者，獺也；爲叢敺爵者，鸇也；爲湯武敺民者，桀與紂也。今天下之君有好仁者，則諸侯皆爲之敺矣。雖欲無王不可得已民之思明君猶水樂卑。下獸樂廣。野敺之則歸其所樂獺獱也鸇土鸇也故云諸侯好爲仁者敺民若此也湯武行之矣如有則之者雖欲不王不可得也今之欲王者猶七年之病求三年之艾也苟爲不畜終身不得苟不志於仁終身憂辱以陷於死亡今之諸侯欲行王道而不積其德如至七年病而却求三年時艾當畜之乃可得以三年時不畜藏之至七年。欲卒求之何可得乎艾可以爲灸人病乾久益善故以爲喻志仁者亦久行之不行之則憂辱以陷死亡桀紂是也詩云其何能淑載胥及溺此之謂也詩大雅桑柔之篇淑善也載辭也胥相也刺時君臣何能爲善乎但相與爲沉溺之道也

疏孟子曰桀紂至此之謂也○正義曰此章言水性趨下民樂歸仁桀紂敺使就其君三年之艾畜而可得一時欲仁猶將沉溺所以明鑒戒也孟子曰桀紂之失天下也至心也者孟子言桀紂失亡天下是失其民失其民乃是失其民之心也得天下有道至勿施爾也者言人君所以得天下有其道也得其民斯爲得天下矣所以

得其民有道者得其民之心斯爲得民矣所以得其心有道在民所欲而與之聚之民之所惡而勿施於民則近得其民心矣民之歸仁也至不可得已者言民之歸親於仁人之君如水之歸就於下獸之樂趨於廣野矣故爲淵而敺聚其魚而歸之淵者是獺爲之敺矣爲叢木而敺聚其爵而歸之叢者是鷹鸇爲之敺也爲湯王武王而敺聚其民而歸之湯武者是桀與紂也今夫天下爲之君者有能好行其仁政則天下之諸侯皆爲敺敺聚其民而歸之亦如獺爲淵敺魚鸇爲叢敺爵者而歸之矣如此雖欲不爲王不可得而不爲耳今之欲王者猶七年之病至於死亡者言今之國君欲爲王者如七年之病欲卒而求討三年之艾草也苟爲已前不積雖終身而死亦不得此三年之艾也若苟不志仁於久雖終一身憂辱亦以陷於死亡之地矣詩云其何能淑載胥及溺此之謂也蓋詩之大雅桑柔之篇文也蓋言何能爲之善乎但相與及其沉溺於患難也孟子所以言此者欲時君在於久行其仁不但欲爲之王然後乃行之耳○注獺猵也鸇土鸇也○正義曰案釋名云獺形如猫居水食魚者也猵獺之屬也鸇鷂之屬也能食鳥雀○詩大雅桑柔之篇○正義曰此詩蓋芮伯刺厲王之詩也

孟子曰自暴者不可與有言也自棄

者不可與有爲也言非禮義謂之自暴也吾身不能居仁由義謂之自棄也言人尚自暴自棄何可與有言有爲仁人之安宅也義人之正路也曠安宅而弗居舍正路而不由哀哉曠空舍縱哀傷也弗由居是者是可哀傷也

疏孟子曰至哀哉正義曰此章言曠仁舍禮自暴棄之道也孟子曰自暴者不可與有言自棄者不可與有爲也者孟子言人之有爲自暴者不可與之言議也有爲自棄者不可與之有所爲也言非禮義謂之自暴也吾身不能居仁由義謂之自棄也者此蓋孟子自解自暴自棄之言也仁人之安宅也至哀哉者孟子言仁道乃人之所安之宅舍也義乃爲人之正路也今有空曠其此宅而不安居之捨去此正路而不行之者是可得而哀傷之者也此孟子所以有是而言於當世也

孟子曰道在邇而求諸遠事在易而求諸難人人親其親長其長而天下平邇近也道在近而患人求之遠也事在易而患人求

之難也謂不親其親以事其長故其事遠而難也

疏　正義曰此章言親親敬長近取諸己則邇而易者也孟子曰至天下平者孟子言道在近而人乃求遠事在易而人乃求之於難但人人親愛其所親敬長其所長則天下即太平大治矣親親即仁也長長即義也

孟子曰居下位而不獲於上民不可得而治也獲於上有道不信於友弗獲於上矣信於友有道事親弗悅弗信於友矣悅親有道反身不誠不悅於親矣誠身有道不明乎善不誠其身矣言人求上之意先從己始本之於心心不正而得人意者未之有也是故誠者天之道也思誠者人之道也至誠而不動者未之有也不誠未有能動者也授人誠善之性者天也思行其誠以奉天者人也至誠則動金石不誠則鳥獸不可親狎故曰不誠未有能動者也

疏　孟子曰至未有能動者也正義曰此

章言事上得君乃可臨民信友悅親本在於身也孟子曰居下位而不獲於上民不可得而治也者孟子言居下位而爲君上之臣者而不見獲於上則民故不可得而治之也以其上之所以得民者乃治也獲於上有道至不誠其身者言獲於上者有其道如不信於友則弗獲於上矣以其君之所以願乎臣者忠也如臣弗信於友則其忠不足稱矣此所以弗獲於上矣信於友有其道如事其親而弗悅其親則亦弗信於友矣以其友之所以資於已者仁也如事親弗悅則其仁不足稱矣此所以弗信於友矣悅親有其道如反已而不誠則弗悅於親矣以其親之所望於已者孝也如反身不誠則其孝不足稱矣此所以不悅於親誠身有其道如不能明乎善則不誠其身矣以其所謂誠者亦明乎在我之善而已如不明其善則在我之善有所未明又安知所謂誠故不明乎善則不誠其身矣由此推之則信於友是獲於上之道也悅親是信於友之道也誠身是悅親之道也而明乎善者是又誠身之道也是故誠者天道也思誠者人道也至誠而不動者未之有也不誠未有能動者也者孟子言此故誠者是天授人誠善之性者也是爲天之道也思行其誠以奉天是爲人之道也然而至誠而有不感動者必無也故曰未之有也不至誠而能感動之者亦必無也故曰未有能動者也注曾

子三省大雅矜矜正義曰論語云曾子曰吾日三省吾身爲人謀而不忠乎與朋友交而不信乎傳不習乎是曾子三省之事也大雅矜矜此蓋荀卿之言然孟子曰伯夷辟紂居北海之濱聞文王作興曰盍歸乎來吾聞西伯善養老者伯夷讓國遭紂之世辟之隱遁北海之濱聞文王起興王道盍歸乎來歸周也太公辟紂居東海之濱聞文王作興曰盍歸乎來吾聞西伯善養老者太公呂望也亦辟紂世隱居東海曰聞西伯養老二人皆老矣往歸文王也二老者天下之大老也而歸之是天下之父歸之也天下之父歸之其子焉往此二老猶天下之父也其餘皆天下之子耳子當隨父二父往矣子將安如言皆歸往也諸侯有行文王之政者七年之内必爲政於天下矣今之諸侯如有能行文王之政者七年之間必足以爲政矣天以七紀故云七年文

王時難故久衰周時易故速也上章言大國五年者大國地廣人衆易以行善故五年足以治也

【疏】孟子曰至必爲政於天下矣。正義曰此章言養老尊賢國之上務七年爲政以勉諸侯者也孟子曰伯夷辟紂至養老者孟子言伯夷辟紂之世乃辟紂而逃遁居於北海之畔後聞文王作興而起王道乃曰盍歸乎來歸周也我聞之西伯善養其耆老者也太公辟紂至養老者孟子又言太公辟紂之亂而辟居於東海之畔後聞文王興起乃曰盍歸乎來歸周也我聞西伯善養其耆老者也二老者天下之大老也至其子焉往者言伯夷太公二老乃天下之大老也猶父也而皆歸之是天下之父歸之天下之父既歸之其爲天下之子又焉往是必皆歸之也。注伯夷讓國至歸周也。正義曰案太史公云其傳曰伯夷叔齊孤竹君之二子也父欲立叔齊及父卒叔齊讓伯夷伯夷曰父命也遂逃去叔齊亦不肯立而逃之國人立其中子於是伯夷叔齊聞西伯昌善養老盍往歸焉後因叩馬諫武王武平殷亂二人恥食周粟隱於首陽山且餓死焉孔子云伯夷叔齊餓於首陽山之下是也又云太公望東海之上人也或云處士隱海濱周西伯招呂尚呂尚亦曰吾聞西伯賢又善養老盍往焉。注云天以七紀故云七年。正義曰書云五紀曰歲月日星辰厤數今云七紀者案魯昭公十年左傳云天以七紀杜注云二十八宿四七是其旨也孟子曰求也爲季氏宰無能改於其德而賦粟倍他日孔子曰求非我徒也小子鳴鼓而攻之可也求孔子弟子冉求季氏魯卿季康子宰家臣小子弟子也孔子以冉求不能改季氏使從善爲之多斂賦粟故欲使弟子鳴鼓以聲其罪而攻伐責讓之曰求非我徒疾之也由此觀之君不行仁政而富之皆棄於孔子者也況於爲之強戰爭地以戰殺人盈野爭城以戰殺人盈城此所謂率土地而食人肉罪不容於死孔子棄富不仁之君者況於爭城爭地而殺人滿之乎此若率土地使食人肉也言其罪大死刑不足以容之故善戰者服上刑連諸侯者次之辟草萊任土地者次之孟子言天道重生戰者殺人故使善戰者服上刑上刑重刑也連諸侯合從者也罪

次善戰者辟草萊任土地不務脩德而富國者罪次合從連橫之人也

疏孟子曰求也至次之○正義曰此章言聚斂富民棄於孔子重人命之至也孟子曰求也爲季氏宰至攻之可也者孟子言冉求爲季氏之家臣不能佐君或於其德以爲治國而乃聚斂其粟倍過於他日孔子責之曰求非我之徒弟也乃令弟子鳴鼓以聲其罪而攻之可也由此觀之君不行仁政至罪不容於死者孟子言由此冉求賦斂觀之以孔子所攻則今之國君不行仁政而富之是皆棄之於孔子者也又況爲之强戰爭地以戰而殺人至於盈滿其野爭城以戰而殺人至於盈滿其城此所謂率土地而食人之肉也其罪必不容於死以其罪大雖死刑不足以容之也故善戰者服上刑至任土地者次之者孟子又言故善能爲陳而戰者服於上刑上刑重刑也合縱連横之諸侯罪次之以其罪次於善戰之上刑也務廣開闢草萊而任土地不務脩德者又次之以其又次連横合縱之諸侯者刑也○注求孔子弟子至疾之也○正義曰案史記弟子傳云冉求字子有鄭氏曰魯國人又案論語云季氏富於周公而求也爲之聚斂而附益之子曰非吾徒也小子鳴鼓而攻之可也孔安國云冉求爲季氏宰爲之急賦稅鄭注云小子門人也云季氏魯卿季康子者案左傳云季康子魯卿季孫肥謚曰康

諡法曰安樂撫民曰康

孟子曰存乎人者莫良於眸子眸子不能掩其惡眸子瞳子也存人存在人之善心也胷中正則眸子瞭焉胷中不正則眸子眊焉瞭明也眊者蒙蒙目不明之貌聽其言也觀其眸子人焉廋哉廋匿也聽言察目言正視端人情可見安可匿之哉

疏孟子曰存乎人者至人焉廋哉○正義曰此章言目爲神候精之所在存而察之善惡不隱也孟子曰存乎人者莫良於眸子眸子不能掩其惡者孟子言存在於人者莫貴乎眸子眸子目瞳子也眸子不能蓋掩人之惡也胷中正則眸子瞭焉胷中不正則眸子眊焉者言人胷中正而不邪則眸子於是乎明瞭明也胷中不正則眸子矇矇而不明眊不明也聽其言也觀其眸子人焉廋哉者言知人之道但聽其言觀其眸子明與不明則人可見又安可廋匿之哉此孟子言知人之道但觀人之眸子耳○注眸瞳子瞭明眊不明之貌○正義曰是皆矇釋文而言之也

孟子曰恭者不侮人儉者不奪人侮奪人之君惟恐不順焉

惡得爲恭儉爲恭敬者不侮慢人爲廉儉者不奪取人有好侮奪人之君有貪陵之性恐人不順從其所欲安得爲恭儉之行也恭儉豈可以聲音笑貌爲哉恭儉之人儼然無欲自取其名豈可以和聲音笑貌强爲之哉

疏「孟子曰恭者」至「爲哉」○正義曰此章言人君恭儉率下人臣恭儉明其廉忠也孟子曰恭者不侮人至豈可以聲音笑貌爲哉者孟子言爲之恭儉者則不侮慢於人亦不能僭奪於人蓋以恭敬則不侮儉約則不奢故也如有侮奪人之君惟恐其民不順已之所欲安得爲恭儉者焉爲之恭儉又豈可以聲音笑貌爲之恭儉哉言人爲恭儉在心之所存不在於聲音與其笑貌爲之矣

淳于髡曰男女授受不親禮與淳于髡齊人也問禮男女不相親授孟子曰禮也禮不親授曰嫂溺則援之以手乎髡曰見嫂溺水則當以手牽援之否邪曰嫂溺不援是豺狼也孟子曰人見嫂溺不援出是爲豺狼之心也男女授受不親禮也嫂溺援之以手者權也孟子告髡曰此權此

權者反經而善也

曰今天下溺矣夫子之不援何也髡曰。天下之道溺矣夫子何不援之乎

曰天下溺援之以道嫂溺援之以手子欲手援天下乎孟子曰當以道援天下而道不得行子欲使我以手援天下乎

疏

淳于髡曰至子欲手援天下乎○正義曰此章言權時之義者也淳于髡曰男女授受不親禮與者淳于髡齊國之人也問孟子曰男女授受之際不相親授是禮然與否孟子曰禮也孟子荅之以爲是禮然也曰嫂溺則援之以手乎者髡又問孟子如是則嫂之沈溺於水當以牽援以手乎曰嫂溺不援是豺狼也孟子言如嫂之沈溺於水而不牽援之者是有豺狼之心者也以其豺狼之爲獸其心常有害物之暴故以喻之也男女授受不親禮也嫂溺援之以手者權也者孟子又告淳于髡以謂男女授受不親是禮當然也嫂之沈溺援之以手者是權道也夫權之爲道所以濟變事也有時乎然有時乎不然反經而善是謂權道也故權云爲量或輕或重隨物而變者也曰今天下溺矣夫子之不援何也髡復問孟子言今天下之道以沈溺之也夫子之不拯援之是如之何曰天下溺援之以道嫂溺援之以手子欲手援天下乎孟

子言天下之沈溺當以道拯援之嫂溺則當以手援之今子之言是欲使我以手援天下乎此言不可以手援天下當以道援之矣斯亦明淳于髡之蔽也

公孫丑曰君子之不教子何也問父子不親教何也孟子曰勢不行也教者必以正以正不行繼之以怒繼之以怒則反夷矣夫子教我以正夫子未出於正也則是父子相夷也父子相夷則惡矣父親教子其勢不行教以正道而不能行則責怒之夷傷也父子相責怒則傷義矣一說云父子反自相非若夷狄也子之心責於父云夫子教我以正道而夫子之身未必自行正道也執此意則爲反夷矣故曰惡也古者易子而教之父子之間不責善責善則離離則不祥莫大焉易子而教不欲自相責以善也父子主恩離則不祥莫大焉

【疏】公孫丑曰至不祥莫大焉○正義曰此章言父子至親相責則離易子而教相成以仁教之善者也公孫丑曰君子之不

教子何也公孫丑問孟子言君子以不自教誨其子是如之何孟子曰勢不行也至父子相夷則惡矣者孟子荅公孫丑以謂君子所以不教子者是其勢之不行所以不自教也教之者必以正道而教之以正道而教之而子不行則續之憤怒既續之以憤怒則反傷其爲父子之恩矣夷傷也父子之恩則父慈子孝是爲父子之恩也今繼之以怒是非父之慈也且以子比之夫子既教我以正道而子之身自未能出行其正道也如父子之間子以是言而反父是則父子相傷矣父子既以相傷其恩則父子必相疾惡也故云則惡矣古者易子而教之父子之間不責善責善則離離則不祥莫大焉者孟子又言古之時人皆更易其子而教之者以其父子之間不相責讓其善也如父子自相責讓則父子之恩必離之矣父子恩離則不祥之大者也所謂易子而教者如己之子與他人教他人之子與己而教之是易子而教也所謂不祥之大者則禍之大者矣○注夷有二說一說則以夷訓傷一說以夷爲夷狄其義皆通矣

孟子曰事孰爲大事親爲大守孰爲大守身爲大不失其身而能事其親者吾聞之矣失其身而能事其

親者吾未之聞也〔事親養親也守身使不陷於不義也失不義則何能事父母乎〕孰不爲事事親事之本也孰不爲守守身守之本也〔先本後末事守乃立也〕曾子養曾皙必有酒肉將徹必請所與問有餘必曰有曾皙死曾元養曾子必有酒肉將徹不請所與問有餘曰亡矣將以復進也此所謂養口體者也若曾子則可謂養志也事親若曾子者可也〔將徹請所與問曾皙所欲與子孫所愛者也必曰有恐違親意也故曰養志曾元曰無欲以復進曾子也不求親意故曰養口體也事親之道當如曾子之法乃爲至孝〕

疏 孟子曰事孰爲大至可也○正義曰此章言上孝養志下孝養口體者也孟子曰事孰爲大事親爲大守孰爲大守身爲大至吾未之聞也者孟子言人之所事者何事爲大以其事父母之親爲大者也人之所守者何守爲大以其守己之身

爲大也不失其身而爲能事其父母之親則我嘗聞之矣如
失其身而能事父母之親則我未之聞也蓋以己身尙不能
守之況能事其父母乎孰不爲事事親事之本也孰不爲守
守身守之本也者言人誰不爲所事凡有所事於彼者是皆
爲所事也然而事父母之親是所事之本也己人誰不爲所
守凡有所守於我者是皆爲所守也然而守身是所守之本
也所謂身安而國家可保事親孝故忠可移於君此之謂也
豈非事親守身爲事爲守之本者歟曾子養曾晳至事親若
曾子可也者孟子又言昔日曾子奉養其父曾晳必有酒肉
將欲徹去曾子必請所欲與者如曾晳問復有餘剩曾子必
應曰有餘剩曾晳已死曾元奉養其曾子曾元曾子之子也
必有酒肉將欲徹去曾元不請所欲與者如曾子復問有餘
剩曾元乃應之曰無矣遂將以酒食復進曾子也如此是謂
養其父之口體而已必若曾子之養父乃可謂養其父之志
也如事其親若曾子之事親則可矣蓋曾子知父欲有餘者
與之所愛之子孫故徇而請其所與問有餘故復應之曰有
是其遂其親之志意而不違者也故曰養志也曾元反此蓋
有違逆其親之志意但爲養口體者也非養志者也故孟子
所以言事親若曾子
則可以爲之孝子

孟子曰人不足與適也政不足

與。閒也惟大人爲能格君心之非適過也詩云室人交徧適我閒非格正也時皆小人居位不足過責也政教不足復非說獨得大人爲輔臣乃能正君也非非法度也君仁莫不仁君義莫不義君正莫不正一正君而國定矣正君之身一國定矣欲使大人正之（疏）孟子曰至一正君而國定矣○正義曰此章言小人爲政不足閒非賢臣正君使握道機君正國定下不邪侈將何閒者也孟子曰人不足與適也至爲能格君心之非者孟子言小人在位不能事君不足適也責之也所行政教亦不足閒非也惟大人之爲臣而事其君故能格正君心之非也○注詩云室人交徧適我○正義曰蓋詩國風北門之篇文也云我入自外室人交徧讁我箋云我從外入在室之人更迭徧來責我使已去也言室人亦不知己志也

孟子曰有不虞之譽有求全之毀虞度也言人之行有不虞度其時有名譽而得者若尾生本與婦人期於梁下不度水之卒至遂至沒溺而獲守信之譽求全之毀者陳不瞻將赴君難聞金鼓之聲失氣而死可謂欲求全其節而反有怯弱之毀者也（疏）正義曰此章言

不虞獲譽求全受毀者也孟子言人有不虞度其功而終獲其名譽又有欲求全其行而終反受其人之毀者以言其君子之人於毀譽不容心於其間但務爲善之實而不期人之譽務去其不善之實而不恤人之毀是皆行義以俟命而已矣○注尾生與陳不瞻之事○正義曰此皆據史記之文而言之也其事煩故不重述耳

孟子曰人之易其言也無責耳矣人之輕易其言不得失言之咎責也一說人之輕易不肯諫正君者以其不在言責之位者也

孟子曰人之患在好爲人師人之所患患於不知己未有可師而好爲人師者乃惑也疏正義曰此章言君子之患在好爲人師也孟子曰人之患在好爲人師者孟子言人之有患非他特在其好爲人之師也蓋在人患在於不知己未有可師耳如務在好爲人師則惑也

樂正子從於子敖之齊樂正子見孟子魯人樂正克孟子弟子也從於齊之右師子敖子敖使而之魯樂正子隨之來之齊也孟子在齊樂正子見之也孟子曰子亦來見我乎孟子見其來見遲故云亦來也曰先生何爲出此言也

樂正子曰先生何爲非克而出此言也**曰子來幾日矣**孟子問子來幾日乎**曰昔者**克曰昔者來至昔者往也謂數日之間也**曰昔者則我出此言也不亦宜乎**孟子曰昔者來至而今乃來我出此言亦其宜也孟子重愛樂正子欲亟見之深思望重也**曰舍館未定**克曰所止舍館未定故不即來也館客舍**曰子聞之也舍館定然後求見長者乎**孟子曰子聞見長者之禮當須舍館定乃見之乎**曰克有罪**樂正子謝過服罪也

疏樂正子至克有罪○正義曰此章言尊師重道敬賢事長人之大綱樂正子好善孟子譏之責賢者備也樂正子從子敖之齊樂正子從子敖往齊而見孟子孟子曰子亦來見我乎孟子見樂正子來遲故曰子亦來見我乎曰先生何爲出此言也樂正子問孟子何爲於我而出此言也曰子來幾日矣孟子又問樂正子從子敖到齊以幾日乎曰昔者樂正子曰往日來至若數日之間也曰昔者則我出此言也不亦宜乎孟子又言子到數日而今乃來見我則我出此言是其宜也曰舍館未定樂正子又曰爲客館所止未定故不能即來也曰子聞之也舍館

定然後求見長者乎孟子又言子曾聞見長者之禮必待舍館定然後乃見長者乎曰克有罪樂正子於是無所荅乃對孟子曰是克有罪也以其待舍館定然後見非尊師重道者也宜孟子以此責之

孟子謂樂正子曰子之從於子敖來徒餔啜也我不意子學古之道而以餔啜也子敖齊之貴人右師王驩者也學而不行其道徒食飲而已謂之餔啜也樂正子本學古聖人之道而今隨從貴人無所匡正故言不意子但餔啜也

疏孟子謂樂正子曰至而以餔啜○正義曰此章言學優則仕仕以行道否則隱逸餔啜沉浮君子不與是以孟子咨嗟樂正子者也孟子謂樂正子曰子之從於子敖來徒餔啜也我不意子學古之道而以餔啜也者孟子謂樂克曰子隨右師來至齊是徒以食飲而已我不意有如子本學古聖人之道而且今隨右師之遊而以徒爲其飲食也孟子所以言此蓋謂子敖我未嘗與之學古者而今子乃隨之遊是詘道以從人之謂也○注云子敖齊之貴人右師王驩者○正義曰此蓋以經文推而爲解也公孫丑篇云孟子爲卿於齊出弔於滕王使蓋大夫王驩爲輔行王驩朝暮見反齊滕之路未嘗與之言行事也下卷言公

行有子之喪右師往弔入門有進而與右師言者有就右師之位而與右師言者孟子不與右師言右師不悅曰諸君子皆與驩言孟子獨不與驩言是簡驩也孟子聞之曰禮也子敖以我爲簡不亦異乎是知爲齊之貴人右師王驩者也

孟子曰不孝有三無後爲大於禮有不孝者三事謂阿意曲從陷親不義一不孝也家窮親老不爲祿仕二不孝也不娶無子絕先祖祀三不孝也三者之中無後爲大舜不告而娶爲無後也君子以爲猶告也舜懼無後故不告而娶君子知舜告焉不得而娶娶而告父母禮也舜不以告權也故曰猶告與告同也

疏孟子曰至君子以爲猶告也○正義曰此章言量其輕重無後爲不孝之大者也孟子曰不孝有三無後爲大者言不孝於禮有三惟先祖無以承後世無以繼爲不孝之大者而阿意曲從陷親於不義家貧親老不爲祿仕特不孝之小而已舜以不告而娶爲無後也君子以爲猶告也故孟子乃言此以謂舜受堯之二女所以不告父母而娶是爲其無後也告之則不得娶故也君子於舜不告而娶是亦言舜猶告而娶之也以其反禮而合義故君子以爲不告猶告也○注堯二女○正義曰案古史云舜有二妃一曰娥皇二

曰女英竝堯之女

孟子曰：仁之實，事親是也；義之實，從兄是也；智之實，知斯二者弗去是也；事皆有實。事親從兄，仁義之實也。知仁義所用而不去之，則智之實也。○禮之實，節文斯二者是也；樂之實，樂斯二者，禮義之實，節文事親從兄，使不失其節而文其禮敬之容，故中心樂之也。樂則生矣；生則惡可已也，惡可已○，則不知足之蹈之手之舞之。樂此事親從兄，出於中心，則樂生其中矣。樂生之至，安可已也，豈能自覺足蹈節手舞曲哉。

疏　孟子曰至足之蹈之手之舞之也。正義曰：此章言仁義之本在孝悌，蓋有諸中而形於外也。孟子曰仁之實事親是也至知斯二者弗去是也者，孟子言仁道之本實在事親是也，義之本實在從兄是也。以其事親孝也，從兄悌也，能孝悌是為仁義矣。智之本實在知事親之孝、從兄之弟，而弗去之者是也。禮之實節文斯二者是也，樂之實樂斯二者，言禮之本實使事親從兄者是也。由此言之，則事親之孝為仁之實，凡移之於事君者，則為仁之華也；從兄之悌為義之實則知凡移於從長者是爲義之華也知義爲智之實則知前識者是爲智之華也禮之實在仁義則威儀爲禮之華也樂之實在仁義則節奏爲樂之華也凡此是皆從而可知矣樂則生矣生則惡可已也惡可已則不知足之蹈之手之舞之言由仁義之實充之至於樂則流通而不鬱日進而不已是其樂則生生則烏可已烏可已則得之於心而形之於四體故不知手舞足蹈之所以者也蓋當時有夷子不知一本告子以義爲外故孟子宜以是言之而救當時之弊者也

孟子曰天下大悅而將歸己視天下悅而歸己猶草芥也惟舜爲然舜不以天下將歸己爲樂號泣于天不得乎親不可以爲人不順乎親不可以爲子舜盡事親之道而瞽瞍厎豫瞽瞍厎豫而天下化瞽瞍厎豫而天下之爲父子者定此之謂大孝舜以不順親意爲非人子厎致也豫樂也瞽瞍頑父也盡其孝道而頑父致樂使天下化之爲父子之道者定也

疏孟子曰至此之謂大

孝○正義曰此章言以天下富貴爲不若得意於親也孟子曰天下大悅而將歸己視天下悅而歸己猶草芥也惟舜爲然者孟子言天下之人皆大悅樂而將歸嚮己視天下悅而歸己但若一草芥不以爲意者惟大舜爲能如此也不得乎親不可以爲人不順乎親不可以爲子至此之謂大孝者孟子又言人若不得事親之道則不可以爲人若得事親之道而不能順事親之志故不可以爲人之子惟舜能盡其事父母之道而瞽瞍頑嚚且亦致樂瞽瞍既以致樂而先天下而天下亦從而化之瞽瞍致樂故天下父子者親親之道定此所以爲舜之大孝矣故曰此之謂大孝○注瞽瞍頑父也○正義曰瞽瞍者案孔安國尚書傳云無目曰瞽舜父有目不能分別好惡故時人謂之瞽配字曰瞍瞍無目之稱頑者左傳云心不則德義之經爲頑

孟子注疏解經卷第七下

大清嘉慶二十年
用文選樓藏本校

南昌縣知縣陳煦栞

孟子注疏卷七下挍勘記　　阮元撰盧宣旬摘錄

水樂卑下　閩監毛三本同廖本孔本韓本卑作埤音義出埤字

獸樂廣野　閩監毛三本同廖本孔本韓本廣作壙

欲卒求之　閩監毛三本同廖本孔本韓本欲上有而字

艾可以爲灸人病　灸音久亦音究孫氏不爲音俗譌作灸

章指言水性趨下民樂歸仁桀紂之敺使就其君三年之艾畜而可得一時欲仁猶將沉　沉孔本韓本考文引古本作沈按依說文當作湛沈假借字沉俗字　溺所以明鑒戒也是可哀傷也　閩監毛三本同廖本孔本韓本考文古本也作哉

章指言曠仁舍義自暴棄之道也

道在邇考文古本邇作爾注同

以事其長閩監毛三本同廖本孔本韓本考文古本以作不

章指言親親敬長近取諸己則邇考文古本作爾而易也

而人乃求遠閩本同監毛本作而人乃求之於遠當是據下文例增

天也閩監毛三本同廖本孔本韓本考文古本下有故曰天道四字

人也閩監毛三本同廖本孔本韓本考文古本作人道也

故曰不誠未有能動者也閩監毛三本同廖本孔本考文古本無不誠二字韓本作故曰未有能動者足利本無也字

章指言事上得君乃可臨民信友悅親本在於身是以曾子三省大雅矜矜以誠爲貴也

皆天下之子耳宋本耳作有

言皆歸往也閩監毛三本韓本足利本同廖本孔本考文古本歸作將

章指言養老尊賢國之上務文王勤考文古本作務之二老遠至

父來子從天之順道七年爲政以勉諸侯試使庶幾於行

善也

辟草萊任土地閩監毛三本同廖本作辟草任土孔本韓本作辟草任地案音義出任土則作任地

非也

章指言聚斂富君孔本韓本作民棄於孔子冉求行之同孔本韓本足利本作固

聞鳴鼓以戰殺人孔本韓本考文古本作民土食人肉罪不容死

以爲大戮重人命之至也

瞳子也閩監毛三本同廖本孔本韓本考文古本上有目字案童正字瞳俗字

安可匿之哉閩監毛三本同廖本孔本韓本考文古本無之字

章指言目爲神候精之所在存而察之善惡不隱知人之道斯爲審矣

豈可以和聲音笑貌強爲之哉閩監毛三本同廖本孔本韓本考文古本音作諂笑下有之字足利本笑上有諂字

章指言人君恭儉率下移風人臣恭儉明其廉忠侮奪之惡何由干之而錯其心

此權此也閩監毛三本同廖本孔本韓本考文古本下此作也案作也是

天下之道閩監毛三本同廖本孔本韓本上有今字

何不援之乎　閩監毛三本同廖本孔本韓本考文古本無乎字

章指言權時之義嫂溺援手君子大行拯世以道道之指也　案道字恐誤重

一說云　閩監毛三本同廖本孔本韓本考文古本云作曰

父子反自相非　宋本廖本孔本韓本考文古本同閩監毛三本自誤目

責於父云　閩監毛三本同廖本孔本韓本考文古本於作其

不欲自相責以善也　閩監毛三本同廖本孔本韓本足利本無相字

章指言父子至親相責離恩易子而教相成以仁教之義也

皆通矣　閩本同監毛二本删矣字

失不義　閩監毛三本同廖本孔本考文古本作失仁義韓本足利本作夫不義○按失不義是

乃爲至孝　閩監毛三本同廖本孔本韓本考文古本下有也字

章指言上孝養志下孝養體曾參事親可謂至矣孟子言之欲令後人則曾子也

父母之親爲大者也　閩本同監本毛本無者字

己人誰不爲所守補　監毛本己作夫是也

政不足與閒也　閩監毛三本同岳本孔本韓本無與字音義出足閒

室人交徧適我　廖本適作讁

政教不足復非說　閩監毛三本同廖本孔本韓本考文古本說作訛案音義出非訛作說非也蓋形相近而譌

乃能正君也非法度也閩本同廖本監毛二本孔本韓本上也作之是

章指言小人爲政不足間非賢臣正君使握道機君正國定下韓本考文古本作上不邪侈將何間也

亦不足間非也閩本同監毛二本非下有之字

有不虞度其時有名譽得者閩監毛三本同廖本孔本韓本足利本無虞字時作將

者陳不贍閩本監本毛本贍誤贍廖本孔本韓本考文古本者作若

章指言不虞獲譽不可爲戒求全受毀未足懲咎君子正行不由斯二者也

章指言言出於身駟不及舌不惟其責則易之矣此章疏文全脫

乃慼也閩監毛三本同廖本孔本韓本考文古本無乃字

章指言君子好謀而成臨事而懼時然後言畏失言也故曰師哉師哉孔本韓本哉作乎按哉字是也否則與楊子法言不合桐子之命不慎則有患矣

而出此言也閩監毛三本同廖本孔本韓本考文古本無也字

深思望重也閩監毛三本同廖本孔本韓本考文古本深思作思深

故不即來也閩監毛三本同孔本韓本無也字

章指言尊師重道敬賢事長人之大綱樂正子好善故孟子譏之責賢者備也

宜孟子以備貴之閩監二本貴作責是也毛本備貴作此責

王驩者也　閩監毛三本同廖本孔本韓本考文古本無者字

章指言學優則仕仕以行道否則隱逸免置窮處餔啜沉　孔本韓本考文引古本作沈是也　浮君子不與是以孟子咨嗟樂正子也

孟子不與右師言也　此下空三字當是有衍字而剜去之〇今不空三字俱提上寫故下章孟子曰頂格寫

家窮親老　閩監毛三本同廖本孔本韓本窮作貧

章指言量其輕重無後不可是以大舜受堯二女夫三不孝蔽者所闇至於大聖卓然匪疑所以垂法也

禮義之實　閩監毛三本同孔本韓本考文古本義作樂

惡可已　閩監毛三本孔本韓本同廖本考文古本下有也字

手之舞之也　閩本同監毛二本孔本韓本無也字

章指言仁義之本在於孝弟孝弟　孔本脫孝弟二字　之至通於神明況於歌舞不　考文古本作而　能自知蓋有諸中形於外也

知義爲智之實　閩本義上剜增仁字監毛本同閩本

而瞽瞍厎豫　閩監毛三本同孔本韓本底作厎案音義之爾切是用厎字○案經典內凡曰厎致也皆之爾切與底都禮切不同經典內用底字不多而俗刻多厎譌爲底

章指言以天下之貴富爲不若得意於親故能懷協頑嚚厎豫而欣天下化之父子加親故稱盛德者必百世祀無與比崇　孔本韓本考文古本下有也字

孟子注疏卷七下挍勘記　奉新趙儀吉挍

孟子注疏解經卷第八上

離婁章句下　凡三十二章

趙氏注　孫奭疏

疏正義曰：此卷即趙注分上卷爲此卷也。此卷凡三十有二章。一章言聖人殊世而合其道。二章言重民之道平政爲首。三章言君臣之道以義爲表，以恩爲裏，舊君之服，蓋有所興，諷喻宣王，勸以仁也。四章言君子見幾而作。五章言上爲下傚。六章言大人不爲非禮非義。七章言父兄已賢，子弟既頑，教而不改，乃歸自然。八章言好言人惡，殆非君子。九章言疾之已甚，亂也。十章言大人所求合義。十一章言視民如子，則民懷矣。十二章言養生竭力，人情所勉，哀死送終，謂之大事。十三章言學必根源，如性自得。十四章言廣尋道意，詳說其事，要約至義，還反於朴。十五章言五伯服人，三王服心。十六章言進賢受賞，蔽賢蒙戮。十七章言有本不竭，無本則涸。十八章言禽獸俱含天氣，衆人皆然，聖人超絕，識仁義之生於己也。十九章言周公能思三王之道以輔成王。二十章言詩書與春秋。二十一章言五世一體，上下通流。二十二章言廉惠勇三者。二十三章言求交取友，必得其人。二十四章言貌好行惡，當修飾之，惟義爲常。二十五章言能修性守故天道可知二十六章言循理而動不合時人二十七章言君子責己小人不改蹈仁行禮不患其患二十八章言顏子之心有同禹稷二十九章言匡章得罪出妻屏子三十章言曾子子思處義非謬者也三十一章言人以道殊賢愚體別三十二章言小人苟得妻妾猶羞凡此三十二章合前卷二十八章是離婁一篇有六十章矣

孟子曰舜生於諸馮遷於負夏卒於鳴條東夷之人也生始卒終記終始也諸馮負夏鳴條皆地名也負海也在東方夷服之地故曰東夷之人也文王生於岐周卒於畢郢西夷之人也岐周畢郢地名也岐山下周之舊邑近畎夷畎夷在西故曰西夷之人也書曰大子發上祭于畢下至于盟津畢文王墓近於酆鎬之地地之相去也千有餘里世之相後也千有餘歲得志行乎中國若合符節先聖後聖其揆一也土地相去千有餘里千里以外也舜至文王千二百歲得志行政於中國蓋謂王也如合符節節玉節也周禮有六節揆度也

言聖人之度量同也。

疏

孟子曰至其揆一也○正義曰此章言聖人殊世而合其道也孟子曰舜生於諸馮遷於負夏卒於鳴條東夷之人也者孟子言舜帝其始生於諸馮之地其後遷居於負夏之地其卒死於鳴條之野是東夷之人也以其地在東方故曰東夷之人文王生於岐周卒於畢郢西夷之人也者孟子又言文王其始生岐山之下其終卒於畢郢之地是西夷之人也以其地在西故曰西夷之人岐山本是周邑故曰岐周地之相去也千有餘里世之相後也千有餘歲得志行乎中國若合符節先聖後聖其揆一也者孟子言自舜帝所居終始之地與文王所居終始之地有千里以外之遠自舜所生之世文王所生之世相後有千二百歲之久其皆得志行政於中國以致治如合其符節有同而無異一爲先聖於前一爲後聖在後其所揆度則一而無二也以其同也揆度也○注生始至東夷之人也○正義曰案史記云舜冀州之人也耕於厤山漁雷澤陶河濱作什器於壽丘就時於負夏年二十以孝聞三十堯舉以二女遂舉用之五十攝行天子事五十八堯崩六十一代堯踐帝位踐帝位三十九年南巡狩崩於蒼梧之野葬於江南九疑山是爲零陵今云舜生於諸馮則諸馮在冀州之分鄭玄云負夏衛地案地理志云衞地營室東壁之分野今之東郡是也其本

顓頊之墟推之則衞地與冀州之地相近是負夏之爲地名也一云負夏鳴條者書云湯與桀戰于鳴條之野孔傳云地在安邑之西鄭玄云地在南夷云東夷之人者案史記云帝舜爲有虞皇甫謐云舜嬪于虞今河東大陽是也○注岐周畢郢至鄗鎬也○正義曰案本紀云古公亶父去邠踰梁山止於岐下徐廣曰岐山在扶風義陽西北其南有周原裴駰案皇甫謐曰邑於周地故始改曰周古公有少子季歷生昌有聖瑞後立爲西伯移徙都酆徐廣曰酆在京兆鄠縣東有靈臺鄗在上林昆明北有鄗池去酆有二十五里皆在長安南數十里徐廣云文王九十七崩謚爲文王謚法曰慈惠愛民曰文忠蒙接禮曰文武王即位九年上祭于畢馬融曰畢文王墓地名也南越志云郢故楚都在南郡則知畢在郢之地故曰畢郢○注舜至文王千二百歲周禮有六節○正義曰案史記世表推之是自舜至文王有千二百歲矣其文煩更不錄周禮六節案周禮云守邦國者用玉節守都鄙者用角節凡邦國之使節山國用虎節土國用人節澤國用龍節皆金也以英蕩輔之鄭注云以金爲節鑄象也必自以其國所多者所以相別爲信明也今漢有銅虎符杜子春云蕩當爲帑謂以函器盛此節或曰英蕩或曰函關門用符節貨賄用璽節道路用旌節注云符節如今宮中諸官詔符也璽節

者今之印章也旌節今使者所擁節是也將送者執此節以送行者也凡此是周禮有六節之別爾子產聽鄭國之政以其乘輿濟人於溱洧子產鄭卿爲政聽訟也溱洧水名見人有冬涉者仁心不忍以其乘車度之也孟子曰惠而不知爲政歲十一月徒杠成十二月輿梁成民未病涉也以爲子產有惠民之心而不知爲政當以時修橋梁民何由病苦涉水乎周十一月夏九月可以成涉度之功周十二月夏十月可以成輿梁也君子平其政行辟人可也焉得人人而濟之故爲政者每人而悅之日亦不足矣君子爲國家平治政事刑法使無違失其道辟除人使卑辟尊可爲也安得人人濟渡於水乎每人而悅之欲自加恩以成其意則日力不足以足之也〔疏〕子產聽鄭國之政至亦不足矣○正義曰此章言重民之道平政爲首也子產聽鄭國之政以其乘輿濟人於溱洧者子產鄭大夫公孫僑也溱洧鄭國水名也言子產爲政聽訟於鄭國於冬寒之月見人涉溱洧之水乃

不忍遂以所乘之車輿濟渡人於溱洧孟子曰惠而不知爲政至日亦不足矣孟子言子產雖有恩惠及人而以陸地乘輿而濟人於溱洧然而不知行其不忍人之政而濟人矣所謂歲十一月徒杠成十二月輿梁成是其政也言歲中以十一月雨畢乾晴之時乃以政命成其徒杠徒杠者說文云石矼石橋也俗作杠從木所以整其徒步之石十○月成津梁則梁爲在津之橋梁也今云輿梁者蓋橋上橫架之板若車輿者故謂之輿梁如此民皆得濟所以未有憂病其涉者也君子之爲但平其政事使無違失行法於人而使尊之其若此則可也又安得人人而濟渡之乎如人人濟之則人望我者無窮而我應者有不足焉故爲國之政者如每以人人而使之悅雖日力之窮亦不足以濟之矣但平其政事使徒杠成於十一月輿梁成於十○月則病涉之民無不濟矣子產不知爲政之道在此而徒知以乘輿濟人爲之惠故宜孟子言之於當時以激勸而譏諷之也○注子產鄭卿爲政聽訟溱洧水名○正義曰案左傳云子產穆公之孫公子發之子也又魯襄三十年執鄭國之政故云鄭卿爲政聽訟也云溱洧水名者蓋鄭國之水名案地理志云溱洧水在河南又說文云水在鄭國南入于洧則知溱洧水名在鄭國也○又於注周十一月即夏十月十月即夏九月已說上篇叔向云十月而

津梁成是其旨也孟子告齊宣王曰君之視臣如手足則臣視君如腹心君之視臣如犬馬則臣視君如國人君之視臣如土芥則臣視君如寇讎芥草芥也臣緣君恩以爲差等其心所執若是也王曰禮爲舊君有服何如斯可爲服矣宣王問禮舊臣爲舊君服喪服問君恩何如則可以爲服曰諫行言聽膏澤下於民有故而去則使人導之出疆又先於其所往去三年不反然後收其田里此之謂三有禮焉如此則爲之服矣爲臣之時諫行言從惠澤加民若有他故不得不行譬如華元奔晉隨會奔秦是也古之賢君遭此則使人導之出境又先至其所到之國言其賢良三年不反乃收其田里田業也里居也此三者有禮則爲之服矣今也爲臣諫則不行言則不聽膏

澤不下於民有故而去則君搏執之又極之於其所往去之日遂收其田里此之謂寇讎寇讎何服之有搏執其族親也極者惡而困之也遇臣若寇讎何服之有乎

疏孟子告齊至之有○正義曰此章言君臣之道以義爲表以恩爲裹相應猶若影響舊君之服蓋有所興諷諭宣王勸以仁也孟子告齊宣王曰至如寇讎者孟子告諭齊宣王謂君之視其臣如己之手足則臣亦視君如己之腹心君之視其臣如畜之犬馬則臣亦視其君但以國人遇之也君之視其臣如土芥之賤而弃之則臣視其君亦如寇讎惡而絶之也凡此君臣施報相待以爲用矣蓋無爲於其內者腹心也有爲於其外者手足也君臣相須猶一體也此言相待施報均於厚也若以君視臣如犬馬之畜而臣視君如國人而弗親此言不相待施報均於薄也以君視臣如土芥之賤而臣視君如寇讎而惡之此言不相待施報均於賤也然則君臣施報亦隨之而已王曰禮爲舊君有服何如斯可爲服矣宣王問孟子於禮爲舊君有喪服何如斯可爲之服言舊君所去之國君也曰諫行言聽至則爲之服矣孟子荅之謂臣之於君君有過謬而諫之

則行事有可爲而言之則聽而膏潤之恩澤施之又下浹於民此得行其道也然不幸遭其事故而去之則國君使人導之以達其情至出國之疆界又先去其所往之邦以稱譽之去三年之久而不反歸然後國君乃收其田業里居此三者是謂三有禮焉如此三有禮則可爲之喪服矣今也爲臣諫則不行言則不聽至何服之有孟子又言今之爲臣於國君君有過謬及其諫也則拒之而弗得行言則違之而弗聽而膏澤又不得以下浹此不得行其道也及其所遭事故而去之君乃不使人導之且搏執其親族而戮之又困極而惡之於其所往之邦即自離去之日遂便收其田業里居此是謂遇其臣如寇讎之惡既以寇讎遇其臣則臣尙何有喪服爲哉○注舊臣爲舊君服喪服○正義曰如儀禮言以道去君而未絕者服齊衰三月禮記云臣之去國君不掃其宗廟則爲之服是爲舊臣服喪服之謂也○注如華元奔晉隨會奔秦○正義曰案左傳成十五年華元爲右師華元曰我爲右師君臣之訓師所司也今公室卑而不能正吾罪大矣不能治官敢賴寵乎乃出奔晉魚石爲左師自止華元於河上後及奔晉得五月日乃反書曰宋華元出奔晉宋華元自晉歸于宋是也云隨會奔秦者案文公七年先蔑奔秦隨會從之至十三年晉人患秦之用士會也晉侯乃使魏壽餘僞以魏

叛者以誘士會士會既濟魏人譟而還杜注云喜得士會也是矣

孟子曰無罪而殺士則大夫可以去無罪而戮民則士可以徙惡傷其類視其下等懼次及也語曰鳶鵲蒙害仁鳥增逝此之謂也

【疏】孟子至可以徙○正義曰此章言君子見幾而作也孟子謂國君無罪而殺戮其士則爲之大夫者可以奔去無他蓋大夫雖於士爲尊不可命以爲士然亦未離乎士之類也是其惡傷其類耳國君無罪而誅戮其民則爲之士者可以徙而避之無他蓋士於民雖以爲尊不可命以爲民然亦未離乎民之類也是亦惡傷其類耳於士言殺於民言戮者摠而言之皆然也別而言之則戮又輕於殺矣案周禮司稽掌巡市云凡有罪者撻戮而罰之是知戮不過撻而辱之耳而殺乃至於亡命故也史記趙殺鳴犢孔子臨河而不濟乃嘆曰刳胎殺夭則麒麟不至郊竭澤涸魚則蛟龍不會覆巢毀卵則鳳凰不翔君子諱傷其類也今注云語曰鳶鵲蒙害仁鳥增逝是亦史記之文趙注引之

孟子曰君仁莫不仁君義莫不義君者一國所瞻仰以爲法政必從之是上爲下則也

【疏】正義曰此章言國君率眾仁義是上爲下効者也孟子謂

國君在上能以仁義先率於一國則一國之人莫不從而化之亦以仁義爲也○注云上爲下効者○正義曰如所謂君子之德風小人之德草草上之風必偃也又荀卿所謂表正則影正盤圓則水圓盂方則水方是其旨也

孟子曰非禮之禮非義之義大人弗爲若禮而非禮陳質娶婦而長拜之也若義而非義藉交報讎是也此皆大人之所不爲也。〔疏〕正義曰此章言禮義人之所以折中履其正者乃可爲中是以大人弗行之也孟子謂有所爲禮有所爲非禮有所爲義有所爲非義如非禮非義惟大夫能弗爲之也○注陳質娶婦藉交報讎者○正義曰此蓋史傳之文而云然

孟子曰中也養不中才也養不才故人樂有賢父兄也中者履中和之氣所生謂之賢才者是謂人之有俊才者有此賢者當以養育教誨不能進之以善故樂父兄之賢以養已也如中也弃不中才也弃不才則賢不肖之相去其間不能以寸如使賢者弃愚不養其所以。當養則賢亦近愚矣如此賢不肖相覺何能分寸明不可不相訓導也〔疏〕孟子至不

能以寸○正義曰此章言父兄之賢而子弟旣頑教而不改乃歸自然也孟子言君子以性德而教養滅其性德者以性之能而教養滅其性之才能者故人所以樂得其賢父兄而教養也如君子有賢父兄之道而不推已之性德以教養人之不中不推已之才性而教養人之不才是棄去其不中不才之人也如此則賢不肖惡能相去以寸哉是不足以相賢矣蓋中者性之德也才性之能也賢父兄者所以對弟子而言之也如孟子所謂曾子居武城而謂之爲師也父兄也是其意也○注中者履中和之氣至養已也○正義曰中和之氣者蓋人受天地之中而生稟陰陽之秀氣莫非所謂中和也中庸云喜怒哀樂未發謂之中發而皆中節謂之和賢以德言云俊才者俊智過千人曰俊則如才能有過於千人之才能是爲俊才也一云俊敏也疾也

孟子曰人有不爲也而後可以有爲

人不爲苟得乃能有讓千乘之志也

疏正義曰此章言貴賤廉恥乃有不爲不爲非義義乃可由也孟子言人之有不爲非義之事然後可以有爲其義矣又所謂人皆有所不爲達之於其所爲義也亦是意也以此推之則仁也禮也智也皆待是而裁成之矣

孟子曰言人之不善當如

後患何人之有惡惡人言之言之當如後有患難及己乎疏正義曰此章言好言人之惡殆非君子者也孟子謂人有好談人之不善者必有患難及之矣故曰言人之不善當如後患何如莊子云嗇人者人必反嗇之論語云不忮不求何用不臧亦與此同意

孟子曰仲尼不爲已甚者仲尼彈邪以正正斯可矣故不欲爲已甚泰過也孟子所以譏踰墻距門者也疏正義曰此章言疾之已甚亂者也孟子言孔子凡所爲不爲已甚泰過者也如論語云疾之已甚亂也同意○注云孟子所以譏踰墻距門者蓋謂如段干木踰垣而避文侯泄柳閉門而拒繆公是爲已甚者

孟子曰大人者言不必信行不必果惟義所在果能也大人仗義義有不得必信其言子爲父隱也有不能得果行其所欲行者若親在不得以其身許友也義或重於信故曰惟義所在也疏正義曰此章言大人之行行其重者不信不果求合義也孟子言大人者其於言不以必信所行不以必果惟義之所在可以信則信可以行則行耳如言必信行必果則所謂硜硜然小人哉矣豈大人肯如是邪蓋孔子與蒲人盟不適衛而終適衛是言不必信也佛肸召子欲往而終不往是

行不必果也○注子爲父隱以其身許 孟子曰大人者不友也○正義曰此案論語禮記云也

失其赤子之心者也大人謂君國君視民當如赤子不失其民心之謂也一說曰赤子嬰兒也少小之子專一未變化人能不失其赤子時心則爲貞正大人也○疏正義曰此章言人所謂視民如子則民懷之者也孟子言世之所謂爲之大人者是其能不失去其嬰兒之時心也故謂之大人如老子所謂常德不離復歸於嬰兒之意同

孟子曰養生者不足以當大事惟送死可以當大事孝子事親致養未足以爲大事送終如禮則爲能奉大事也疏正義曰此章言養生竭力人情所勉哀死送終謂之大事也孟子言人奉養父母於其生日雖昏定晨省冬溫夏凊然以此之孝亦不足以當其大事也惟父母終能擗踊哭泣哀以送之卜其宅兆而安厝之斯可以當之也

孟子曰君子深造之以道欲其自得之也造致也言君子學問之法欲深致極竟之以知道意欲使己得其原本如性自有之然也故曰欲其自得之而已 自得之則居之

安居之安則資之深資之深則取之左右逢其原故君子欲其自得之也居之安若已所自有也資取也取之深則得其根也左右取之在所逢遇皆知其原本〔疏〕孟子至得之也○正義曰此章言學必根源如性自得者也孟子曰君子深造之以道至君子欲其自得之也者此孟子教人學道之法也言君子所以深造至其道奧之妙者是欲其如已之所自有之也已之所自有則居之安居之安者是使權利不能移羣衆不能傾天下不能蕩是也居之安則資質以深則自本自根取之不殫酌之不竭是也資之既深則取之左右逢其原左右逢其原者則理與萬物得性與萬物明取之左則左取之右則右無非自本自根也故云取之左右逢其原如此故君子所以學道欲其自得之也如莊生所謂黄帝遺其元珠使智索之不得使離朱索之不得使契詬索之不得乃使象罔得之蓋元珠譬則道也智有待於思言思之亦不能得其道也離朱有待於明言以明求之亦不能得道也契詬有待於言以言求之亦不能得其道也象罔則無所待矣唯無所待故能得其道是其所謂自得也

孟子曰博學而詳說之

將以反說約也博廣詳悉也廣學悉其微言而說之者將以約說其要意不盡知則不能要言之也是謂廣尋道意還反於樸說之美者也〔疏〕正義曰此章言廣尋道意詳說其事要約至義還反於樸者也孟子言人之學道當先廣博而學之又當詳悉其微言而辯說之其相將又當以還反說其至要者也以得其至要之義而說之者如非廣博尋學詳悉辯說之則是非可否未能決斷故未有能反其要也是必將先有以博學詳說然後斯可以反說其約而已

孟子曰以善服人者未有能服人者也以善養人然後能服天下天下不心服而王者未之有也以善服人之道治世謂以威力服人者也故人不心服以善養人養之以仁恩然後心服矣若文王治於岐邑是也天下不心服何由而王也〔疏〕孟子曰至未之有也○正義曰此章言五霸服人三王服心其服則一功則不同也孟子曰以善服人者未有能服人者也至未之有也者孟子言人君之治天下如以善政而屈服人者未有能屈服其人也以善教而養人者然後故能屈服其天下然以善教養天下天下不以心服而歸往爲之王未之有也以其能如

此則必爲之王者使天下心服而歸往之矣蓋所謂善政民畏之善教民愛之之意也又云善教得民心是矣若文王作辟雍是能以善養人者也故自西自東自南自北無思不服此之謂也

孟子曰言無實不祥不祥之實蔽賢者當之凡言皆有實孝子之實養親是也善之實仁義是也祥善當直也不善之實何等也蔽賢之人直於不善之實也

疏正義曰此章言進賢受上賞蔽賢蒙顯戮者也孟子曰至蔽賢者當之者孟子謂人之言無其實本者乃虛妄之言也以虛妄之言言之則或掩人之善或飾人之惡爲人所惡者也故其爲不祥莫大焉不祥則禍是矣不祥之實者乃蔽賢直之也所謂蔽賢則掩人之善是矣如臧文仲知柳下惠而不舉虞丘知叔敖之賢而不進凡此之類是謂蔽賢者也

徐子曰仲尼亟稱於水曰水哉水哉何取於水也徐子徐辟也問仲尼何取於水而稱之也

孟子曰源泉混混不舍晝夜盈科而後進放乎四海有本者如是是之取爾言水不舍晝夜而進盈滿科坎放至也至於四海者

有原本也以況於事有本者皆如是是之取也**苟爲無本七八月之閒雨集溝澮皆盈其涸也可立而待也**苟誠也誠令無本若周七八月夏五六月天之大雨潦水卒集大溝小澮皆滿然其涸也可立待之者以其無本故也**故聲聞過情君子恥之**人無本行暴得善聲令聞過其情若潦水不能久也故君子恥之○

疏徐子至君子恥之○正義曰此章言有本不竭無本則涸也徐子曰仲尼亟稱於水曰水哉水哉何取於水也者徐子即徐辟者也徐辟問孟子以謂孔子數數稱道於水乃復自而嘆之曰水哉水哉云水之爲水哉水哉何仲尼獨數數稱於水也孟子曰源泉混混不舍晝夜至是之取爾孟子荅之曰孔子所以數數稱於水者以其有本源之泉水混混滚勢而流流不捨晝夜是流之不竭至有坎科則必待盈滿而後流進以至乎四海之中以其道大有本亦如是是孔子所以亟稱而必取之爾苟爲無本至君子恥之者孟子又言苟爲無本之水是若周之七八月夏之五六月閒天之大雨驟降其雨之水卒然聚集乎大溝小澮皆盈盈然而滿溢則其乾涸但可立而守之也以無本源故如是之速乾耳孟子復於此言如聲譽名聞有

或過於情實而君子所以羞恥之亦無本之水矣然則孟子荅徐辟以此者非特言原泉混混不捨晝夜盈科而後進放乎四海而已矣蓋有爲而言之也以其源泉混混則譬君子之德性不舍晝夜則譬君子之學問盈科而後進則譬君子之成章放乎四海則譬君子於是造乎道也○注云徐子徐辟○正義曰經於滕文公篇云墨者夷之因徐辟而見孟子又曰徐子以告夷子是知徐子即徐辟也○注大溝小澮○正義曰案周禮遂人掌邦之野凡治野夫間有遂遂上有徑十夫有溝溝上有畛百夫有洫洫上有塗千夫有澮澮上有道鄭注云十夫二鄰之田百夫一酇之田千夫二鄙之田遂溝畎澮皆所以通水於川也遂廣深各二尺溝倍之是廣深各四尺也洫又倍之是洫廣深各八尺也澮廣二尋深二尋然則注云大溝小澮又非以常制言之爾論語云子在川上曰逝者如斯夫不舍晝夜是仲尼常稱於水者也

孟子曰人之所以異於禽獸者幾希庶民去之君子存之

幾希無幾也知義與不知義之間耳衆民去義君子存義也

舜明於庶物察於人倫由仁義行非行仁義也

倫序察識也舜明庶物之情識人事

之序仁義生於內由其中而行非強力行仁義也故道性善言必稱於堯舜但君子存之庶民去之而不由爾

疏孟子曰至行仁義也○正義曰此章言禽獸俱含天氣衆人皆然聖人超絕識仁義之主於己者也孟子曰人之所以異於禽獸者幾希至非行仁義也者孟子言世之人所以有別異於禽獸畜者無幾也以其皆含天地之氣而生耳皆能辟去其害而就其利矣但小人去其異於禽獸之心所以爲小人也君子知存其異於禽獸之心所以爲君子也所謂異於禽獸之心者即仁義是也禽獸俱不知仁義所以爲禽獸今夫舜之爲帝在深山之中與木石居與鹿豕遊雖與禽獸雜居其間然能聞一善言見一善行莫不從之若決江河也而無滯之耳如此是舜能明於庶物之無知而存乎異於禽獸之心詳察人倫之類而由仁義之道而行之矣然舜既由其仁義而行之非所謂行仁義而得之人也是由仁義而行以得之天性也孟子以此言之其有以異於禽獸者皆舜之徒也曰舜亦人也我亦人也有爲者亦若是但當存其異於禽獸之心耳如楊雄由於禮義入自仁門由於情慾入自禽門斯其旨歟

孟子曰禹惡旨酒而好善言旨酒美酒也儀狄作酒禹飲而甘之遂疏儀狄而絕旨酒書曰禹拜昌言湯

執中立賢無方執中正之道惟賢速立之不問其從何方來舉伊尹以爲相也文王視民如傷望道而未之見視民如傷者雍容不動擾也望道而未至殷錄未盡尚有賢臣道未得至故望而不致誅於紂也武王不泄邇不忘遠泄狎邇近也不泄狎近賢不遺忘遠善近謂朝臣遠謂諸侯也周公思兼三王以施四事其有不合者仰而思之夜以繼日幸而得之坐以待旦三王三代之王也四事禹湯文武所行之事也不合已行有不合也仰而思之參諸天也坐以待旦言欲急施之也

疏孟子曰至坐以待旦○正義曰此章言周公能思三王之道以輔成王也孟子曰禹惡旨酒而好善言孟子言禹王惡疾其美酒而樂好人之善言以其酒甘而易溺常情之所嗜者也故禹王所以惡之蓋儀狄造酒禹王飲而甘之遂踈儀狄是也善言談而難入常情之所厭者也故禹王所以好之耳蓋聞臯陶昌言禹受而拜之是也湯執中立賢無方孟子言湯王執大中至正之道使其賢者智者得以俯而就而不爲狂者愚者不肖者得以跂而及而不爲

猶者矣未嘗立驕伉崖異絕俗之道而使人不可得而至也所謂中道而立能者從之是其旨歟尚書云湯懋昭大德建中于民是其事矣立其賢則不以一方任之但隨其才而用之以其人之材固有長短小大不可槩以取之矣書云佑賢輔德顯忠遂良是其事矣揔以湯言之則所謂常善救人故無棄人常善用人故無遺賢是其旨歟文王視民如傷望道而未之見孟子言文王常有恤民之心故視下民常若有所傷而不敢以橫役而擾動之也尚書曰文王不敢侮鰥寡又曰懷保小民是其事矣蓋以望商之有賢道未得至故不敢誅於紂也故曰未之見也武王不泄邇不忘遠者孟子言武王於在邇之臣則常欽之而不泄狎在遠之臣則常愛之而不遺忘是所謂不泄邇不忘遠也非特臣也雖遠邇之民亦如是尚書云武王不寶遠物則遠人格所寶惟賢則邇人安又曰華夏蠻貊罔不率俾是其事矣周公思兼三王以施四事至坐以待旦者孟子言周公輔相成王常思念兼此三王而施行此四事以爲功業矣三王即禹湯文武之三代王也然以孟子則曰三王者蓋文武明父子也言其父則子不待言而在其中故但云三王四事者即惡旨酒好善言湯執中立賢無方與視民如傷望道而未之見不泄邇不忘遠是四事也然以孟子於事則云四蓋父子所爲有不同所以別言

之也言周公施爲其有不合於此三王四事則常仰望而思索之必夜以繼日而未嘗敢忘去之也及幸而思索得合於此三王之四事則雞鳴而起坐以守待其旦明而施行之耳是其急於有行如恐失之謂也○注三王三代之王也○正義曰禹夏之代始王也湯殷之代始王也文武周之代始王也是爲三代之王也

孟子曰王者之迹熄而詩亡詩亡然後春秋作王者謂聖王也太平道衰王迹止熄頌聲不作故詩亡春秋撥亂作於衰世也晉之乘楚之檮杌魯之春秋一也其事則齊桓晉文其文則史孔子曰其義則丘竊取之矣此三大國史記之異名乘者興於田賦乘馬之事因以爲名檮杌者嚚凶之類興於記惡之戒因以爲名春秋以二始舉四時記萬事之名其事則五霸所理也桓文五霸之盛者故舉之其文史記之文也孔子自謂竊取之以爲素王也孔子人臣不受君命私作之故言竊亦聖人之謙辭爾

疏孟子曰至竊取之矣○正義曰此章言時無所詠春秋乃興假史記之文孔子正之以匡邪也孟子曰王者之迹熄至丘竊取之矣者孟子言

自周之王者風化之迹熄滅而詩亡歌詠於是乎衰亡歌詠既以衰亡然後春秋褒貶之書於是乎作春秋其名有三自晉國所記言之則謂之乘以其所載以田賦乘馬之事故以因名爲乘也自楚國所記而言之則謂之檮杌以其所載以記嚚凶之惡故以因名爲檮杌也魯以編年舉四時記爲一事之名故以因名爲春秋也凡此雖曰異其名然究其實則一也蓋王者迹熄則所存者但霸者之迹而已言其霸則齊桓晉文爲五霸之盛者故其所載之文則魯史之文而孔子自言之曰其春秋之義則丘私竊取之矣蓋春秋以義斷之則賞罰之意於是乎在是天子之事也故曰其義則丘竊取之矣竊取之者不敢顯述也故以賞罰之意寓之褒貶而褒貶之意則寓於一言耳○注云乘爲乘馬之事檮杌爲嚚凶之類○正義曰乘馬之事已詳故不再述云檮杌嚚凶者案文公十八年左傳所謂渾敦窮奇檮杌饕餮四凶其言檮杌乃曰顓頊氏有不才子不可教訓告之則頑舍之則嚚天下之民謂之檮杌杜預云檮杌嚚凶無疇匹之貌也

孟子曰君子之澤五世而斬小人之澤五世而斬予未得爲孔子徒也予私淑諸人也澤者滋潤之澤大德大凶

流及後世自高祖至玄孫善惡之氣乃斷故曰五世而斬予我也我未得爲孔子門徒也淑善也我私善之於賢人耳蓋恨其不得學於大聖人也○〔疏〕孟子至諸人也○正義曰此章言五世一體上下通流君子小人斬各有時孟子恨以不及仲尼也孟子曰君子之澤至予私淑諸人也者孟子言君子小人雖有賢不肖之異然自禮服而推之則餘澤之所及但皆五世而斷耳以其親屬替之者焉惟孔子有道德之澤流於無窮雖萬世亦莫不尊親者矣孟子所言我未得爲孔子徒黨者矣我但私有所善於已未有善諸人人也蓋孟子學孔子者也然必於此乃言予未得爲孔子徒者蓋亦公孫丑問夫子既聖矣乎則曰夫聖孔子不居之意也孟子之志又可知矣斬斷也淑善也○注云自高祖至於玄孫○正義曰自高祖至玄孫者凡有九等高祖曾祖祖父已身子孫曾孫玄孫是也今注乃以此證五世而斬者據已身而推之則上自高祖至玄孫是爲無服者也

孟子注疏解經卷第八上

奉盧氏宣旬校

大清嘉慶丙子重
用文選樓藏本校

南昌縣知縣陳煦栞

孟子注疏卷八上挍勘記

阮元撰盧宣旬摘錄

凡三十二章音義閩監毛三本同按此當作三十三章僞疏不數人有不爲也一章故較少一章音義本亦作三十二當是後人据注疏本改

是離婁之一篇有六十章矣按題辭正義云離婁凡六十一章與此不合

皆地名也負海也閩監毛三本同廖本孔本韓本考文古本無上也字負下重負字

近於酆鎬之地閩監毛三本同廖本孔本韓本考文古本之地作也足利本無之字

千里以外也廖本孔本韓本考文古本同閩監毛三本以誤之

蓋謂王也閩監毛三本孔本同岳本廖本韓本無蓋字足利本無也字

王節也閩本足利本同監本毛本孔本韓本作王節也是也

章指言聖人殊世而合其道地雖不比由通一軌故可以

爲百王法也

周十月夏九月 閩監毛三本同廖本孔本韓本作周十一月○按爾雅釋宮注引孟子曰歲十一月徒杠成邢疏云郭注作十月推求文義趙注本作周十一月夏九月周十一月夏九月而經文本作歲十一月徒杠成十月一月輿梁成也後人亂之而閩監毛本尚存舊迹廖孔韓本則似是而實非矣周禮之例凡夏正皆曰歲凡曰歲終曰正歲歲曰歲十有二月皆謂夏時也凡言正月之吉不曰歲謂周正也說詳戴震文集孟子言歲十月十一月謂夏正兩言七八月之閒則謂周正正與周禮同例趙注未解其例今本則經注又皆舛誤矣夏令曰十月成梁孟子與國語合

可以成涉度之功 閩監毛三本同廖本孔本韓本涉作步考文古本度作渡

周十一月夏十月 閩監毛三本同廖本孔本韓本考文古本一作二按詳上

每人而悅之 閩監毛三本同非也廖本考文古本而悅之作輒孔本韓本悅之作輒

章指言重民之道平政爲首人君由天天不家撫是以子產渡人孟子不取也

十月成津梁　閩本同監毛本十下有二字

輿梁成於十月　閩本同監毛本十下有二字

則使人導之出疆　閩監毛三本孔本韓本則下有君字

乃收其田里田業也里居也　閩監毛三本同廖本韓本作乃收其田茱及里居也孔本考文古本作乃收其田萊及里居也足利本作乃收其田里田萊及里居○按音義亦出田茱茱當作采大夫采地字古書多或作茱茱誤爲萊作業則更誤矣足利本誤衍尤非

章指言君臣之道以義爲表以恩爲裏表裏相應猶若影響舊君之服蓋有所興風諭宣王勸以仁也

仁鳥增逝 閩監毛三本同廖本孔本韓本增作曾考文古本增逝作曾遊○按作曾是曾者高也

章指言君子見幾而作故趙殺鳴犢孔子臨河而不濟也

是上爲下則也 閩監毛三本同廖本孔本韓本考文古本注文無此六字

章指言君以仁義率衆孰不順焉上爲下效也

陳質娶婦而長拜之 音義陳質本亦作賈○按孫志祖曰長讀長幼之長長字句絕春秋繁露五行相勝篇云愛人者有子不食其力尊老者妻長而夫拜之陳質事當同此

藉交報讎 閩監毛三本同廖本孔本韓本讎作仇

此皆大人之所不爲也 閩監毛三本同廖本孔本韓本考文古本無之字

章指言禮義人之所以折中履其正者乃可爲中是以大人不行疑懼 孔本韓本考文古本並作禮是也

是謂人之有俊才者閩監毛三本同廖本孔本韓本考文古本無是字

不養其所以當養廖本無以字

賢不肖相覺孔本覺作較非按音義出相覺丁云義當作校蓋覺即校之假借字古書往往用覺字

章指言父兄已賢子弟既頑教而不改乃歸自然

乃能有讓千乘之志也閩監毛三本同廖本孔本韓本考文古本無也字

章指言貴賤廉恥乃有不爲不爲非義義乃可申

當如後有患難及已乎閩監毛三本孔本韓本同廖本後有作有後

章指言好言人惡殆非君子故曰不忮不求何用不臧

故不欲爲已甚泰過也閩監毛三本同廖本考文古本無故字爲作其孔本韓本無故字足利本故字同毛本

孟子所以譏踰墻距門者也閩監毛三本同廖本孔本韓本考文古本無此注文

章指言論考文引足利本作語字亦非韓本作論語曰曰疾之已甚亂也故孟子所以孔本韓本考文引古本無所以二字譏踰墻距門者也

大人仗義閩監毛三本韓本同廖本孔本仗作杖○按杖正仗俗

故曰惟義所在也閩監毛三本同廖本孔本韓本考文古本無也字

章指言大人之行行其重者不信不果所求合義也

少小之子閩監毛三本同廖本孔本韓本考文古本子作心

章指言人之所愛莫過赤子視民則然民懷之矣大人之行不過是也

章指言養生竭力人情所勉哀死送終行之高者事不違

禮可謂難矣故謂之大事

言君子學問之法閩監毛三本同孔本韓本足利本學問作問學

如性自有之然也閩監毛三本足利本同廖本孔本韓本考文古本無然字

故曰欲其自得之而已閩監毛三本同廖本孔本韓本考文古本無此九字

皆知其原本也閩監毛三本同孔本韓本足利本無也字

欲其自得之也閩監毛三本同廖本孔本韓本考文古本無其字

章指言學必根原孔本作源如性自得物來能名事來不惑君子好之朝益暮習道所以臻也

至其道奧之如者閩監毛三本如作妙

是謂廣尋道意還反於樸說之美者也閩監毛三本同廖本孔本韓本考文

古本無此注

章指言廣尋道意詳說其事要約至義還反於樸說之美者也

若文王治於岐邑是也　閩監毛三本同廖本孔本韓本作文王治岐是也考文古本無若字於字足利本亦無也字

章指言五霸服八三王服心其服一也功則不同上論堯舜其是違乎

章指言進賢受上賞蔽賢蒙顯戮故謂之不祥也

源泉混混　閩監毛三本同宋九經本岳本咸淳衢州本廖本孔本韓本源作原○按原正字源俗字上文取之左右逢其原不从水可以證从水之誤矣

然其涸也閩監毛三本同岳本廖本孔本韓本考文古本也作乾

可立待之者閩監毛三本同廖本孔本韓本無之字

以其無本故也閩監毛三本足利本同廖本孔本韓本考文古本作無本之故也

章指言有本不竭無本則涸虛聲過實君子恥諸是以仲尼在川上曰逝者考文古本衍斯字如斯

非强力行仁義也宋本作非强仁力行義也

言必稱於堯舜閩監毛三本同廖本孔本韓本考文古本無於字

但君子存之庶民去之而不由爾閩監毛三本同廖本孔本韓本考文古本無此注

章指言人與禽獸俱含天氣就利避孔本韓本考文引古本避作辟按古書多

假辟作避害其閒不希衆人皆然君子則否聖人超絕識仁義之生於己也

若決江河也而無滯之耳閩本同監本無也之耳三字毛本同監本無作不

禹拜昌言閩監毛三本足利本同廖本孔本韓本考文古本昌作讜○按作讜者今文尚書也音義出讜言

殷錄未盡廖本考文古本同閩監毛三本孔本韓本錄誤祿

故望而不致誅於紂也廖本孔本韓本考文古本同閩監毛三本足利本致誤敢

謂諸侯也宋本也作者

所行之事也閩監毛三本同廖本孔本韓本無之字

己行有不合世岳本廖本孔本考文古本同閩監毛三本世作者韓本作也按韓本是也

坐以待旦　廖本以作而

章指言周公能思三王之道以輔成王大平之隆禮樂之備蓋由此也

則遠人安　閩監毛三本遠改邇

湯殷之代始王也文武周之代始王也　閩本同監毛二本脫此十五字

此三大國史記之異名　閩監毛三本同宋本孔本韓本考文古本異名作名異

則五霸所理也　閩監毛三本同廖本孔本韓本考文古本霸作伯下同

亦聖人之謙辭爾　閩監毛三本同廖本孔本韓本考文古本無爾字

章指言詩可以言頌詠大平時無所詠春秋乃興假史記之文孔子正之以匡邪也

澤者滋潤之澤 按宋本注分兩段自此至故曰五世而斬在經文五世而斬下

淑善也 足利本無也字

蓋恨其不得學於大聖人也 閩監毛三本同廖本韓本考文古本無蓋其人三字孔本足利本無人字

章指言五世一體上下通流君子小人斬各有時企以高山跌以陷汙是以君子恨不及乎仲尼也

孟子注疏卷八上挍勘記

奉新趙儀吉挍

孟子注疏解經卷第八下

離婁章句下　趙氏注　孫奭疏

孟子曰可以取可以無取取傷廉可以與可以無與與傷惠可以死可以無死死傷勇三者皆謂事可出入不至違義但傷此名亦不陷於惡也

疏正義曰此章言廉勇惠三者人之高行也孟子曰至死傷勇者蓋言凡於所取之道可以取之則取之故無傷害於爲廉可以無取而乃取之是爲傷害於廉也又言凡所與之道可以與之則與之而不爲傷其惠可以無與而乃與之是爲傷害於惠也又言凡於所死之道可以死之則死不爲傷害其勇可以無死而乃死之是爲傷害其勇也如孟子受薛七十鎰是可以取則取之也求也爲聚斂而附益之是可以無取而乃取之者也孔子與原思之粟是可以與則與之者也冉子與子華之粟五秉是可以無與而乃與之者也比干諫而死是可以死則死也荀息不能格君心之非而終遂以死許是可以無死而乃死之也

逢蒙學射於羿盡

羿之道，思天下惟羿爲愈己，於是殺羿。羿有窮后羿。逢蒙，羿之家衆也。春秋傳曰：羿將歸自田，家衆殺之。孟子曰：是亦羿有罪焉。罪羿不擇人也，故以下事喻之。公明儀曰：宜若無罪焉。曰：薄乎云爾，惡得無罪？鄭人使子濯孺子侵衛，衛使庾公之斯追之。子濯孺子曰：今日我疾作，不可以執弓，吾死矣夫！孺子，鄭大夫。庾公，衛大夫。疾作，瘧疾。問其僕曰：追我者誰也？其僕曰：庾公之斯也。曰：吾生矣。僕，御也。孺子曰：吾必生矣。其僕曰：庾公之斯，衛之善射者也。夫子曰吾生，何謂也？曰：庾公之斯學射於尹公之他，尹公之他學射於我。夫尹公之他，端人也，其取友必端矣。

端人用心不邪辟知我是其道本所出必不害我也庾公之斯至曰夫子何爲不執弓曰今日我疾作不可以執弓曰小人學射於尹公之他尹公之他學射於夫子我不忍以夫子之道反害夫子雖然今日之事君事也我不敢廢抽矢叩輪去其金發乘矢而後反庾公之斯至竟如孺子之所言而曰我不敢廢君事故叩輪去鏃使不害人乃以射孺子禮射四發而去乘四也詩云四矢反兮孟子言是以明羿之罪假使如子濯孺子之得尹公之他而教之何由有逢蒙之禍乎

【疏】逢蒙學射至乘矢而後反○正義曰此章言求交取友必得其人也逢蒙學射於羿盡羿之道思天下惟羿爲愈已於是殺羿言逢蒙學射於后羿既學盡后羿所射之道乃思天下惟后羿所射有強於已於是反妒之而殺其后羿孟子曰是亦羿有罪焉孟子復言逢蒙所以殺其后羿是后羿亦有可罪之道者焉公明儀曰宜若無罪焉孟子引公明儀於往日嘗曰逢蒙殺羿宜若

羿無罪而見殺焉又鄙之公明儀之言曰薄乎此言爾安得謂之無罪焉昔鄭國之君使子濯孺子爲大夫以侵伐其衛國衛君乃使大夫庾公之斯追捉其子濯子濯乃曰今日我癰疾發作不可以執弓而敵之我必死矣遂問其御僕曰衛之追赶我者是誰也其御僕乃告之曰衛大夫庾公之斯者也子濯即曰我得生矣不能死我也其御僕乃問庾公之斯是衛國之最善射者也而夫子乃曰吾生矣是何之謂也子濯乃與之御僕曰庾公之斯學射於尹公之他尹公之他學射於我夫尹公之他端正之人也其所友亦必端正之人然後教其射矣庾公之斯遂追至子濯之所見子濯不執弓矢乃問曰夫子何爲不執弓以拒之子濯告之曰今日我癰疾發作不可以執弓矣庾公之斯乃自稱已爲小人言小人學射於尹公之他尹公之他學射於夫子今不忍以夫子之道而反歸害其夫子矣雖然不忍害夫子奈以今日所追之事乃君命之事也我亦不敢廢背其君命耳遂不免抽取其矢而敵之於車輪之上乃去其鏃利而發射子濯至發其四矢然後乃反歸而不追之蓋去鏃利所以無害於子濯耳云乘矢者乘四矢也蓋四馬爲一乘是亦取其意也○注羿有窮至殺之○正義曰羿有窮后羿者說在梁王首篇詳矣云逄蒙羿之家衆至殺之者案襄公四年左傳云將歸自田家衆

殺之而烹之以食其子子不忍食諸死于窮門杜注云子羿之子也不忍食又殺之國門○注孺子鄭大夫庾公衛大夫○正義曰襄公十四年左傳云尹公他學射於庾公差庾公差學射於公孫丁二子追衛獻公公孫丁御公子曰射爲背師不射爲戮射爲禮乎射兩鉤而還尹公他曰子爲師我則遠矣乃反之公孫丁授公轡而射之貫臂杜預曰子魚庾公差然則孟子之言與此不同是二說必有取一焉

孟子曰西子蒙不潔則人皆掩鼻而過之西子古之好女西施也蒙不潔以不潔汙巾帽而蒙其頭面面雖好以蒙不潔人過之者皆自掩鼻懼聞其臭也雖有惡人齋戒沐浴則可以祀上帝惡人醜類者也面雖醜而齋戒沐浴自治潔淨可以待上帝之祀言人當自治以仁義乃爲善也

【疏】孟子至上帝○正義曰此章言貌好行惡西子冒臭醜人潔服供事上帝明當修飾惟義爲常也孟子言西施之女其貌雖好然加之不潔巾帽而蒙其頭則人見之亦必遮掩鼻而過之更不顧也如惡人雖曰至醜然能齋戒沐浴自潔淨其身則亦可以供事上帝矣孟子之意蓋人能修絜其已雖神猶享而況於人乎然知人修治其已不可以已也○注西子

西施○正義曰案史記云西施越之美女越王勾踐以獻之吳王夫差夫差大幸之每入市人願見者先輸金錢一文是西施也

孟子曰天下之言性也則故而已矣故者以利爲本今天下之言性則以故而已矣以言其故者以利爲本耳若杞柳爲桮棬非杞柳之性也所惡於智者爲其鑿也惡人欲用智而妄穿鑿不順物之性而改道以養之如智者若禹之行水也則無惡於智矣禹之行水也行其所無事也禹之用智決江疏河因水之性因地之宜引之就下行其空虛無事之處如智者亦行其所無事則智亦大矣如用智者不妄改作但循理若禹之行水於無事則爲大智也天之高也星辰之遠也苟求其故千歲之日至可坐而致也天雖高星辰雖遠誠能推求其故常千歲日至之日可坐而致也星辰日月之會致至也知其日至在何日也

疏孟子曰至可坐而致也○正義曰此章言能修

性守故天道可知也孟子曰天下之言性也則故而已矣故者以利爲本至可坐而致也者孟子言今夫天下之人有言其性也者非性之謂也則事而已矣蓋故者事也如所謂故舊無大故之故同意以其人生之初萬理已具於性矣但由性而行本乎自然固不待於有爲則可也是則爲性矣今天下之人皆以待於有爲爲性是行其性也非本乎自然而爲性者耳是則爲事矣事者必以利爲本是人所行事必擇其利然後行之矣是謂故者以利爲本矣我之所以有惡於智者非謂其智也爲其不本性之自然之爲智但穿鑿逆其自然之性而爲智者矣故曰所惡於智者爲其鑿也孟子言此又恐後人因是遂以爲故與智爲不美所以復爲明言之故言如爲智者若禹之治水則我無惡於爲智矣以其大禹之治行其水也但因水自然之性引而通之是行其所無事者也非逆其水性而行之也若今之人爲智但因性之自然而爲智是亦行其無事耳而其爲智亦大智者矣此孟子於此以爲智之美又非所謂惡之者也且天之最高者也星辰最遠者也然而誠能但推求其故常雖千歲之後其日至之日亦可坐而計之也孟子於此以故爲美所以又執是而言之耳以其恐人不知已前所謂則故而已矣爲事之故遂引天與星辰而言故常之故於此爲美也謂人之言性者但本乎

故常自然之性而爲性不以妄自穿鑿改作則身之修亦若天與星辰之故常而千歲日至之日但可坐而致也此所以明其前所謂故爲事故之故終於此云故乃故常之故蓋故義亦訓常所謂必循其故之故同○注以杞柳爲桮棬○正義曰經之告子篇文也○注星辰日月之會○案孔安國尚書傳云星辰日月所會也書云辰弗集于房是也

公行子有子之喪右師往弔入門有進而與右師言者有就右師之位而與右師言者公行子齊大夫也右師齊之貴臣王驩字子敖者○公行之喪齊卿大夫以君命會各有位次故下云朝廷也與言者皆諂於貴人也

孟子不與右師言右師不悅曰諸君子皆與驩言孟子獨不與驩言是簡驩也右師謂孟子簡其無德故不與言是以不悅也

孟子聞之曰禮朝廷不歷位而相與言不踰階而相揖也我欲行禮子敖以我爲簡不亦

異乎孟子聞子敖之言曰我欲行禮故不歷位而言反以我爲簡異也云以禮者心惡子敖而外順其辭也

疏公行子至不亦異乎○正義曰此章言循理而動不合時人也公行子有子之喪右師往弔入門有進而與右師言者有就右師之位而與右師言者公行子齊國之大夫喪其子故有子之喪王驩字子敖者公行子家而弔慰入公行之門其間有進揖而與右師王驩言者又有就右師王驩之位所而與言者孟子不與右師言至不亦異乎者言孟子獨不與右師言右師見孟子不與之言乃不說而有憤憤之色曰諸君子之衆賢皆與我言獨孟子不與我言是孟子簡畧不禮於我也孟子聞王驩此言乃告之曰不與右師言者乃是禮然也於禮則朝廷之間不歷位所而相與言又不踰越階而相揖我欲行其禮故如是不與之言也子敖今以我爲簡畧而爲不禮是其言不亦乖異於禮乎○注右師齊之貴臣○正義曰古者天子之卿尊者謂之太師卑者謂之少師諸侯之卿尊者謂之左師卑者謂之右師故也

孟子曰君子所以異於人者以其存心也君子以仁存心以禮存心仁者愛人有禮者敬人愛人

者人常愛之敬人者人常敬之存在也君子之在心者仁與禮也愛敬施行於人人亦必反報之於已也有人於此其待我以橫逆則君子必自反也我必不仁也必無禮也此物奚宜至哉橫逆者以暴虐之道來加我也君子反自思省謂已仁禮不至也物事也推此人何爲以此事來加於我也其自反而仁矣自反而有禮矣其橫逆由是也君子必自反也我必不忠君子自謂我必不忠自反而忠矣其橫逆由是也君子曰此亦妄人也已矣如此則與禽獸奚擇哉於禽獸又何難焉妄人妄作之人無知者與禽獸何擇異也無異於禽獸又何足難矣是故君子有終身之憂無一朝之患也乃若所憂則有之舜人也我亦人也舜

爲法於天下可傳於後世我由未免爲鄉人也是則可憂也君子之憂憂不如堯舜也憂之如何如舜而已矣憂之當如何乎如舜而後可故終身憂也若夫君子所患則亡矣非仁無爲也非禮無行也如有一朝之患則君子不患矣君子之行本自不致患常行仁禮如有一朝橫來之患非己愆也故君子歸天不以爲患也

疏孟子曰至君子不患矣○正義曰此章言君子責己小人不改比之禽獸故不足難也蹈仁行禮不患其患也孟子曰君子所以異於人者至人常敬之者孟子言君子之人所以有別於衆人者以其存心與衆人別也君子之人常以仁道存乎心又以禮存乎心以仁存乎心者是愛人者也有禮存乎心者是敬人者也愛人者人亦常愛之敬人者人亦常敬之蓋人所以亦常愛敬之者抑以施報自然之道也有人於此至又何難焉孟子又託言今有人在此其待我者皆以橫逆暴虐之道而待我則爲君子者必自反責於己也以其是我必不仁又無禮也此所以待我橫逆故曰此物奚宜至哉言

此人何爲以此橫逆加我哉是必於我有不仁之心有無禮之行此人所以如是而加我矣其自反而仁矣自反而有禮矣其橫逆加我又由此者君子之人又必自反責其已以爲是我必有不忠之心矣自反既以有忠其橫逆加我者又由此君子之人乃曰此人以橫逆暴虐之道加我是必妄人矣如此爲妄人矣則與禽獸奚擇有異哉既爲禽獸於我又何足責難焉此君子之人又自歸已而不譴彼之罪矣是故君子有終身之憂至君子不患矣者孟子言如此是故君子有終身之憂慮而無一朝之患難乃若君子一有所憂慮是亦不爲無焉然而有憂者但憂慮而爲舜帝亦一人也我亦一人也舜帝既爲法於天下可傳之於後世以爲人所取則而我猶尚未免爲鄉俗之人此則君子可憂也既以憂之是如之何憂言憂但慕如舜爲法可傳於後世而止矣然則君子其於有所患則無矣非仁之事既以無爲非禮之事既以不行然而如有一朝之患則君子亦不爲之患矣無他以其非已之有愆過而招之也其所以有患者亦彼之患不足爲我之患也前所謂橫逆待我是必妄人也已於禽獸又何足難焉正此之謂也孟子言之是亦欲人以仁禮存心其有橫逆加已又當反已故無患及耳

禹稷當平世三過其門而不入孔子賢

之顏子當亂世居於陋巷一簞食一瓢飲人不堪其憂顏子不改其樂孔子賢之孟子曰禹稷顏回同道禹思天下有溺者由已溺之也稷思天下有飢者由已飢之也是以如是其急也禹稷顏子易地則皆然當平世三過其門者身爲公卿憂民者也當亂世安陋巷者不用於世窮而樂道者也孟子以爲憂民之道同用與不用之宜若是也故孔子俱賢之禹稷急民之難若是顏子與之易地其心皆然不在其位故勞佚異今有同室之人鬭者救之雖被髮纓冠而救之可也鄉鄰有鬭者被髮纓冠而往救之則惑也雖閉戶可也纓冠者以冠纓貫頭也鄉鄰同鄉也同室相救是其理也喻禹稷走赴鄉鄰非其事顏子所以閉戶而高枕也〈疏〉禹稷當平世至可也○正義曰此章言顏子之心有同禹稷者也禹稷當平世至易地則皆然

者孟子言大禹與后稷皆當平治之世急於爲民三過家門而不入其室孔子皆以爲賢故尊賢之顏淵當危亂之世不得其用居處於隘陋之巷但以一簞盛其食一瓢盛其飲而飲食之時人皆不堪忍此之憂顏淵獨樂於道而不改此憂孔子亦以爲賢孟子乃至於此乃自曰禹稷顏回三人其道則同耳以其大禹於是時思念天下有因洪水而沉溺也后稷於是時思念天下有因水土未平而被飢餓之者亦如已被其飢餓也是以三過家門而不入其室而爲民如是之急也禹稷與顏子更易其地則皆能如是謂顏子在禹稷之世亦能如禹稷如是爲民之急禹稷在顏子之世亦能不改其樂是則爲同道者也若其有異但時之一平一亂矣今有同室之人至可也者孟子又以此言比喻之謂禹稷爲民如是之急若今有同室之人有鬭爭之者救勸之者雖被髮而纓冠於頭而救勸之可也無它以其人情於同居是爲親者也如有爭鬭而不救勸之是疏其親也禹稷當平世既達而在上亦急於爲民也如不急於民是在上位而不恤民者也孟子固以同室之人救鬭爲喻顏子在陋巷而不改其樂若今有同鄉之人有爭鬭者如被散其髮而纓冠於頭而救勸之則爲惑者矣雖閉戶而勿救之可也無它以其鄉鄰於已爲疏非親也如往救之是親其疏矣顏子當危亂之世既窮而

不得用亦宜處陋巷而不改其樂耳如改其樂是媚於世而非賢者也孟子故以鄉鄰之人不救爲喻由此推之則孟子爲禹稷顏回同道是其不誣於後世也孔子曰賢哉回也是孔子賢顏回之謂也又曰禹吾無間然矣是孔子賢禹之謂也南宫适曰禹稷躬稼而有天下子曰君子哉若人尚德哉若人以此觀之孔子美南宫适云及此二人者如此是知孔子有賢於禹稷也抑亦是孔子賢稷之謂也然而三過其門則主乎禹今孟子則兼稷言之何也曰孔子言躬稼其亦主於稷而乃兼禹言之以禹之治水非暨稷之播殖則無以奏艱食非得禹之平水土則無以爲躬稼是二者未常不相待爲用耳孔孟交言之是亦一道也蓋躬稼而有天下雖出乎南宫适之言然孔子美之者亦孔子之言也故云孔子言也

公都子曰匡章通國皆稱不孝焉夫子與之遊又從而禮貌之敢問何也匡章齊人也一國皆稱不孝問孟子何爲與之遊又禮之以顏色喜悦之貌也孟子曰世俗所謂不孝者五惰其四支不顧父母之養一不孝也博弈好飲酒不顧父

母之養二不孝也好貨財私妻子不顧父母之養三不孝也從耳目之欲以爲父母戮四不孝也好勇鬬很以危父母五不孝也章子有一於是乎（惰懈不作極耳目之欲以陷罪戮及父母凡此五者人所謂不孝之行章子豈有一事於此五不孝中也）夫章子子父責善而不相遇也責善朋友之道也父子責善賊恩之大者（遇得也章子子父親教相責以善不能相得父逐之也朋友切磋乃當責善耳父子相責以善賊恩之大者也）夫章子豈不欲有夫妻子母之屬哉爲得罪於父不得近出妻屏子終身不養焉（夫章子豈不欲身有夫妻之配子有子母之屬哉但以身得罪於父不得近父故出去其妻屏遠其子終身不爲妻子所養也）其設心以爲不若是是則罪之大

者是則章子已矣章子張設其心執持此屏。妻子之意以爲得罪於父而不若是以自責罰是則罪益大矣。

疏公都子曰至則章子而已矣。正義曰此章言匡章得罪出妻屏子上不得養下以責己衆人以爲不孝孟子以爲禮貌之者也公都子曰匡章通國皆稱不孝焉至敢問何也者公都子謂孟子曰匡章子徧國人皆稱爲不孝者焉夫子乃與之遊又從而敬悅之敢問夫子是如之何孟子曰世俗所謂不孝者五至於是乎孟子荅公都子曰世俗之人所謂爲不孝之行有五怠惰其四支不作事業而不顧父母之所養爲一不孝也博弈好飲酒而不顧父母之所養爲二不孝也好貨財私愛妻子而不顧父母之所養爲三不孝也縱其耳目之所欲陷於其罪以辱及父母是四不孝也好勇暴好爭鬬好頑很以驚危父母是五不孝也章子豈有一事於此五不孝乎夫章子子父責善而不相遇也責善朋友之道也父子責善賊恩之大者孟子言章子但失於父子責善不相遇也不遇者是不相得也其所以相責於善乃朋友切磋琢磨之道也如父子相責善是賊害其父子之恩大者矣夫章子豈不欲有夫妻子母之屬哉至是則章子而已矣孟子又言夫章子與父子不相遇而離之豈以章子不欲有夫妻子母之爲親屬哉爲其得罪於父不得近焉故用出去其妻屏逐其子終身不爲妻子所養也其章子如或開設於心爲不若是離之父故出妻屏子是陷父於不義之罪者矣是則罪之莫大者矣是則章子之行以此而已我何可絶而不與之邪以此論之則章子之過過於厚者矣宜孟子與之遊又從而禮貌之也蓋謂不顧父母之養者是有逆於父母而不順父母之意耳孝經云父有爭子則身不陷於不義禮云與其得罪於州閭鄉黨寧孰諫然則父有不義雖孰諫以爭之可也又安可以朋友責善施於父子之間哉故章子所以離之遂用出妻屏子爲其父有不義而不可言耳

曾子居武城有越寇或曰寇至盍去諸盍何不也曾子居武城有越寇將來人曰寇方至何不去之曰無寓人於我室毀傷其薪木寇退則曰脩我牆屋我將反寓寄也曾子欲去戒其守人曰無寄人於我室恐其傷我薪草樹木也寇退則曰治牆屋之壞者我將來反寇退曾子反左右曰待先生如此其忠且敬也寇至則先去以爲民望寇退則反殆於

不可左右相與非議曾子者言武城邑大夫敬曾子武城人爲曾子忠謀勸使避寇君臣忠敬如此而先生寇至則先去使百姓瞻望而効之寇退安寧則復來還殆不可如是恠曾子何以行之也沈猶行曰是非汝所知也昔沈猶有負芻之禍從先生者七十人未有與焉沈猶行曾子弟子也行謂左右之人曰先生之行非汝所能知也先生曾子也往者先生嘗從門徒七十人舍吾沈猶氏時有作亂者曰負芻來攻沈猶氏先生率弟子去之不與其難言賓師不與臣同耳子思居於衛有齊寇或曰寇至盍去諸子思曰如伋去君誰與守伋子思名也子思欲助衛君赴難孟子曰曾子子思同道曾子師也父兄也子思臣也微也曾子子思易地則皆然孟子以爲二人同道曾子爲武城人作師則其父兄故去留無毁子思微少也又爲臣委質爲臣當死難故不去也子思與曾子易地皆然

疏曾子居武城至

易地則皆然。○正義曰此章言曾子子思處義非謬者也曾子居武城有越寇至或曰寇至盍去諸者孟子言曾子甞居於武城之邑有南越寇賊興或人告之曰寇賊來何不去之曰無寓人於我室毀傷其薪木寇退則曰修我牆屋我將反者言曾子欲去乃戒其所守之人曰無寓人於此室而毀傷我薪木寇賊既退則曰修我牆屋我將反居此寇退曾子反左右曰待先生如此其忠且敬也至殆於不可者言寇賊已退曾子於是乎反居此也左右之大夫皆曰待先生如此其忠而不敢慢也寇賊至則先去以使民瞻望而效之寇退平靜則反其居殆不可如是也○猶行曰至未有與焉者言沈猶行荅左右之人曰先生之去非汝所能知者也往日沈猶有寇賊自負其芻草來攻我室隨從先生者有七十人言曾子率弟子而去之故未有與及此難也故得免其禍焉先生曾子也子思居於衛有齊寇至君誰與守者孟子又言子思居於衛邑有齊國之寇賊興或人告之曰寇賊來何不去之子思乃自稱名荅或人曰如使伋見其寇賊至則去之衛君則誰與為守護伋子思名也孟子曰曾子子思同道至易地則皆然孟子引至於此乃曰曾子子思二人其道則同也以其曾子居於武城則師之道也如人之父兄也則去留人不可毀無它其以無所拘也子思居於衛則臣之道也其勢則微小也當赴君之難不可去也無它以其有所拘也雖然二人如更易其地則皆能如是也謂子思居於曾子之所而爲之師亦未必不能如曾子去留無所拘也曾子居於子思之所而爲之臣亦未必不能如子思赴君之難而不去也故曰曾子子思同道案史記弟子傳曾子名參字子輿武城人少孔子四十六歲孔子以爲能通孝道故授之業作孝經死於魯國○注伋子思名也○正義曰案世家云子思名伋字子思伯魚之子孔子之孫也六十二嘗困於宋子思作中庸沒於衛

儲子曰王使人瞯。夫子果有以異於人乎

儲子齊人也瞯視也果能也謂孟子曰王言賢者身貌必當有異故使人視夫子能有異於衆人之容乎

孟子曰何以異於人哉堯舜與人同耳

人生同受法於天地之形我當何以異於人哉且堯舜之貌與凡人同耳其所以異乃以仁義之道在於內也

【疏】儲子至同耳○正義曰此章言人以道殊賢愚體別也儲子謂孟子曰齊王使人視夫子能有以異別於衆人乎以其齊王必謂孟子之賢貌狀須有異於人也孟子荅之曰我何以有別異於衆人哉雖堯舜之盛帝亦與人同其貌狀耳但其所以有異於衆人者特以仁義之道

與人異耳孟子言此則知齊王是爲不達者也蓋古之人善觀人者不索人於形骸之外而索之於形骸之內今齊王乃索孟子於形骸之外宜其過也○注儲子齊人也○正義曰蓋亦因經而爲言之也故孟子仕於齊今此乃曰王使人來者是知爲齊人

齊人有一妻一妾而處室者其良人出則必饜酒肉而後反其妻問所與飲食者則盡富貴也良人夫也盡富貴者夫詐言其姓名也其妻告其妾曰良人出則必饜酒肉而後反問其與飲食者盡富貴也而未嘗有顯者來吾將瞯良人之所之也妻疑其詐故欲視其所之蚤起施從良人之所之徧國中無與立談者卒之東郭墦間之祭者乞其餘不足又顧而之他此其爲饜足之道也施者邪施而行不欲使良人覺也墦

間郭外冢間也乞其祭者所餘酒肉也其妻歸告其妾曰良人者所仰望而終身也今若此與其妾訕其良人而相泣於中庭妻妾於中庭悲傷其良人相對涕泣而謗毁之而良人未之知也施施從外來驕其妻妾施施猶扁扁喜悦之貌以爲妻妾不知如故驕之也由君子觀之則人之所以求富貴利達者其妻妾不羞也而不相泣者幾希矣由用也用君子之道觀之今求富貴者皆以枉曲之道昬夜乞哀而求之以驕人於白日此良人爲妻妾所羞而泣傷也幾希者言今苟求富貴妻妾雖不羞泣者與此良人妻妾何異也

疏齊人至幾希矣○正義曰此章言小人苟得妻妾猶羞也齊人有一妻一妾至幾希矣者孟子託此以譏時人苟貪富貴而驕人者也言齊國中人有一妻一妾者而居處於室其良人出外則必饜飽酒肉而後歸其妻問所與飲食酒肉者良人則盡以爲富貴者與之也其妻遂告其妾曰良人出門則必饜飽酒肉

而後歸問其所與者良人皆以爲富貴者與之也而未嘗見有富貴顯達者來家中我將覸其良人所往妻疑之故欲覸其所往也明日蚤起乃邪施其身微從良人之所往徧盡一國之中無有與良人立談話者終往齊國東郭之處有冢間之祭者良人乃就乞其餘祭之酒肉不飽饜又顧視而求之於他人以此遂爲饜足之道其妻乃先歸告其妾曰良人者所仰望而終身者也今乃若此而乞之祭者爲饜足遂與其妾共訕良人而相對涕泣於中庭之間而良人未之知其妻妾非訕其已又施施然喜悅從外來歸復驕泰其妻妾孟子引至此乃曰由此齊人觀之則今之人所以諂求富貴利達者其妻與妾而不羞恥不相對涕泣於中庭者幾希矣言其少也皆若此齊人耳蓋孟子之言每每及此者所以救時之弊不得不如己矣

孟子注疏解經卷第八下

廬陵盧宣旬校

南昌縣知縣陳煦栞

孟子注疏卷八下校勘記　　阮元撰盧宣旬摘録

章指言廉惠勇人之高行也喪此三名則韓本考文古本作列士病

諸故設斯科以進能者也

逢蒙按逢字从夆逢蒙逢伯陵逢丑父逢公皆薄紅反東轉爲江乃薄江反德公士元非有二字也宋人廣韻改字作逢薄江切殊謬孟子音義同謬不可不正逢蒙古書作蠭蒙則其字不當从夆可知矣

有窮后羿閩監毛三本韓本足利本同孔本考文古本窮作竆

曰小人學射於尹公之他考文古本他下有曰字

假使如子濯孺子之得尹公之他閩本廖本孔本韓本同監毛本脫上之字

何由有逢蒙之禍乎閩監毛三本同廖本孔本韓本考文古本無乎字

章指言求交取友必得其人得善以全考文古本作金養足利本無此字

因獲患是故子濯濟難夷羿以殘可以鑒也

殺之而烹之 補案殺之之字衍

子曰射爲背師 閩監本同毛本子下增魚字

而蒙其頭面 閩監毛三本同廖本孔本韓本考文古本面作也

皆自掩鼻 閩監毛三本同廖本孔本韓本考文古本無自字

自治絜淨 凡絜作潔者俗也古書祗用絜

章指言貌好行惡西子蒙臭 孔本考文引古本蒙作冒韓本同臭作鼻非也 醜人絜服供事上帝明當修飾惟義爲常也

今天下之言性則以故而已矣以言其故者以利爲本耳 閩監毛三本同廖本孔本韓本考文古本作言天下萬物之情性當順其故則利之也改戾其性則失其利矣

若杞柳爲桮棬閩監毛三本同廖本孔本韓本考文古本杞上有以字

但循理若禹之行水於無事閩監毛三本同廖本孔本韓本考文古本作作事循理若禹行水於無事之處

誠能推求其故常閩監毛三本同廖本孔本韓本考文古本下有之行二字

可坐而致也閩監毛三本同廖本孔本韓本考文古本作可坐知也

章指言能修性守故天道可知妄智改常必與道乖性命之指也

齊之貴臣閩監毛三本同宋本孔本韓本考文古本無之字

字子敖者閩監毛三本同廖本孔本韓本考文古本無者字

反以我爲簡異也閩監毛三本同宋本孔本韓本異作易按易是也

章指言循理孔本考文引古本作禮而動不合時人阿意事貴脅肩所尊俗之情也是以萬物皆流而金石獨止

人常愛之〔補〕諸本常皆作恒下常敬同

人亦必反報之於已也閩監毛三本同宋本作人亦必反之已也孔本韓本考文古本作人必反之已也足利本無之字

來加於我也閩監毛三本同廖本孔本韓本考文古本作來加我

無知者閩監毛三本孔本同韓本上有謂字足利本上有爲字

又何足難矣閩監毛三本同廖本孔本韓本考文古本矣作也

憂之當如何乎閩監毛三本同廖本孔本韓本考文古本如下有之字

常行仁禮閩監毛三本同廖本孔本韓本考文古本禮上有行字

章指言君子責己小人不改比之禽獸（孔本韓本衍故字）不足難矣蹈仁行禮不患其患惟不若舜可以憂也

當平世三過其門者（按此段注宋本廖本孔本韓本俱分兩段自此至故孔子俱賢之在經文禹稷顏回同道下）

憂民者也（閩監毛三本同宋本孔本韓本考文古本者作急）

窮而樂道者也（閩監毛三本同宋本孔本韓本考文古本無者字）

其心皆然（閩監毛三本同宋本孔本韓本考文古本皆作亦）

故勞佚異（閩監毛三本同宋本無故字廖本下有矣字孔本韓本考文古本作勞佚異矣）

雖被髮纓冠而救之（考文古本而下有往字）

走赴鄉鄰（閩監毛三本同宋本孔本韓本考文古本鄰作人）

顏子所以閉戶閩監毛三本同廖本孔本韓本考文古本閉作閟

章指言上賢之士得聖一概顏子之心有同禹稷時行則行時止則止失其節則藏矣

則孟子爲禹稷顏回同道也〔補〕案爲字監毛本並作謂是

惰懈不作閩監毛三本同廖本孔本韓本懈作解按音義出惰解案懈正字解假借字

豈有一事於此閩監毛三本同廖本孔本韓本此作是

賊恩之大者也閩監毛三本同宋本孔本韓本考文古本無者字

子有子母之屬哉閩監毛三本同孔本韓本考文古本子母作母子

執持此屏妻子之意閩監毛三本同廖本孔本韓本考文古本屏下有出字

以爲得罪於父閩監毛三本同廖本孔本韓本考文古本得上有入字

而不若是以自責罰宋本罰作詈

是則罪益大矣閩監毛三本同廖本孔本韓本考文古本下有是章子之行已矣何爲不可與言十三字〇按有者是

章指言匡章得罪出妻屏子上不得養下以責已衆曰不孝其實則否是以孟子禮貌之也

徧國人皆稱爲不孝者焉人字缺閩監毛三本如此

父有爭而閩監毛三本而改子是也

猶行曰(補)案猶上當有沈字

言賓師不與臣同耳閩監毛三本同廖本無耳字宋本孔本韓本考文古本作言師賓不與臣同

易地皆然閩監毛三本同宋本孔本韓本考文古本地皆作處同廖本皆作同

章指言臣當營君師有餘裕二人處義非殊者也是故孟子紀之謂得其同足利本作宜

王使人瞯夫子宋九經本岳本咸淳衢州本孔本韓本考文古本同監毛二本瞯作矙閩本注作矙此經作瞯門字中缺蓋初刻作瞯欲改作矙剜去而未修板也○按音義出瞯夫作瞯蓋此正與滕文公篇陽貨矙孔子同字音勘譌爲瞯而以古莧切之非也下章同

與凡人同耳閩監毛三本岳本孔本韓本同宋本考文古本無人字

章指言人以道殊賢愚體別頭員足方善惡如一儲子之足利本無此字言齊王之不達也

以爲妻妾不知閩監毛三本孔本韓本同宋本考文古本以作也山井鼎云屬上

用君子之道觀之閩監毛三本同宋本孔本韓本考文古本無下之字

此良人爲妻妾所羞而泣傷也閩監毛三本同廖本孔本韓本考文古本上有由字而字作爲所二字

章指言小人苟得謂不見知君子觀之與正道乖妻妾猶羞況於國人著以爲戒恥之甚焉

孟子注疏卷八下挍勘記

奉新趙儀吉挍

孟子注疏解經卷第九上

萬章章句上 凡九章

孫奭疏

趙氏注 萬章者萬姓章名孟子弟子也萬章問舜孝猶論語顏淵問仁因以題其篇也○

疏 正義曰前篇論離婁之明此篇論萬章問孝蓋以明者當明其行而行莫大於爲孝今萬章問孝故以萬章爲此篇之題以次於前篇矣此篇凡十八章趙氏分爲上下卷據此上卷凡有九章而已一章言孝爲百行之本無物以先之雖富有天下而不能取悅其父母也二章言仁聖所存者大舍小從大達權之義不告而娶守正道也三章言仁人之心四章言孝莫大於嚴父行莫大於蒸蒸五章言德合於天則天爵歸之行歸於仁則天下與之六章言義於人則四海宅心守正不足則聖位莫保者也七章言賢達之理世務推政以濟時物守已直行不枉道以取容八章言君子大居正位以禮進退屈伸達節不違貞信九章言君子時行則行時舍則舍故能顯君明道不爲苟合其餘九章分在下卷各有說焉○注萬章至篇也○正義曰萬章孟子弟子已說在敘段云論語顏淵問仁者蓋論語第十二篇首顏淵問爲仁孔

子曰克己復禮爲仁因以顏淵目其篇蓋其文也孟子於此則而象之爾

萬章問曰舜往于田號泣于旻天何爲其號泣也問舜往至于田何爲號泣也謂耕于歷山之時然。也孟子曰怨慕也言舜自怨遭父母見惡之厄而思慕也

萬章曰父母愛之喜而不忘父母惡之勞而不怨然則舜怨乎言孝法當不怨如是舜何故怨曰長息問於公明高曰舜往于田則吾既得聞命矣號泣于旻天于父母則吾不知也公明高曰是非爾所知也長息公明高弟子公明高曾子弟子旻天秋天也幽陰氣也故訴于旻天高非息之問不得其義故曰非爾所知也已夫公明高以孝子之心爲不若是恝。恝無愁之貌孟子以萬章之問難自距之故爲言高息之問對如此夫公明高以爲孝子不得意於父母自當怨悲豈可

恝恝然無憂哉因以。萬章具陳其意耳。我竭力耕田共爲子職而已矣父母之不我愛於我何哉我共人子之事而父母不我愛於我之身獨有何罪哉自求責於己而悲感焉帝使其子九男二女百官牛羊倉廩備以事舜於畎畝之中帝堯也堯使九子事舜以爲師以二女妻舜百官致牛羊倉廩致粟米之餼備具饋禮以奉事舜於畎畝之中由是遂賜舜以倉廩牛羊使得自有之堯典曰釐降二女不見九男孟子時尚書凡百二十篇逸書有舜典之敘亡失其文孟子諸所言舜事皆堯典及逸書所載獨丹朱以胤嗣之子臣下以距堯求禪其餘八庶無事故不見於堯典猶晉獻公之子九人五人以事見於春秋其餘四子亦不復見於經天下之士多就之者帝將胥天下而遷之焉爲不順於父母如窮人無所歸天下之善士多就舜而悅之胥須也堯須天下悉治將遷位而禪之順愛也爲不愛於父母其爲憂愁若困窮之人無所歸往也天下之士悅之人之所欲也〔欲貪也〕而不足以解憂好色人之所欲妻帝之二女而不足以解憂富人之所欲富有天下而不足以解憂貴人之所欲貴爲天子而不足以解憂人悅之好色富貴無足以解憂者惟順於父母可以解憂〔言爲人所悅將見禪爲天子皆不足以解憂獨見愛於父母爲可以解已之憂〕人少則慕父母知好色則慕少艾有妻子則慕妻子仕則慕君不得於君則熱中〔慕思慕也人少年少也艾美好也不得於君失意於君也熱中心熱恐懼也是乃人之情〕大孝終身慕父母五十而慕者予於大舜見之矣〔大孝之人終身慕父母若老萊子七十而慕衣五綵之衣爲嬰兒匍匐於父母前也我於大舜見五十而尚慕父母書曰舜生三十徵庸三十在位

在位時尚慕故言五十也【疏】萬章問舜往于田至予於大舜見之矣○正義曰此章言大孝百行之本無物以先之雖富有天下而不能取悅於父母也萬章問曰舜往于田號泣于旻天何爲其號泣也者萬章問孟子謂舜往耕于田乃號泣于旻天是何爲其號泣於此也旻天秋天之號也以其情主乎憫也爾雅曰秋曰旻天是也孟子曰怨慕也孟子荅之曰舜所以號泣于田者自怨遭父母之惡而思慕之也萬章曰父母愛之至怨乎萬章又曰父母以慈愛愛息其子子則當喜悅而不敢忘其父母之所愛父母惡之其子亦當勤勞奉事之而不可怨恨父母今舜若是則舜誠有怨恨父母乎曰長息問於公明高至是非爾所知也孟子難以自爲言拒之乃託以長息問公明高之言而荅也言長息常問公明高曰舜往于田則我既以得聞教命矣號泣于旻天則我不能知也故問之公明高乃荅之曰此非爾所能知者也以其所問不得其義故荅之此也夫公明高以孝子之心爲不若是恝恝至於我何哉者孟子又言夫公明高以謂孝子之心有不得意於父母爲不若此恝恝然而無憂也以其有不得父母意故有是怨也其舜必謂我竭盡其力而耕作田業以供爲子之事以奉養父母而父母今反不我愛恤誠於我有何罪哉故自求責於己而號泣怨慕也帝使其子九男二女

至予於大舜見之矣孟子至此乃繼其言而荅萬章言舜○堯帝使其子九男與二女莽百官及牛羊倉廩皆備具以事舜於畎畝之中天下之善士多就歸舜而悅之者堯帝又將須○以天下而遷位讓之其舜尚以有不得愛於父母其亦憂愁若窮困苦極之人無所歸告者矣且天下之善士悅而就之是人之所皆欲也而尚不足以解舜之憂好色之女是人之所皆欲者也妻以堯帝之二女而尚亦不足以解舜之憂富是人之所皆欲者也而堯以百官牛羊倉廩備以事之而尚亦不足以解舜之憂貴是人之所皆欲者也而堯將以天下遷而讓之而為天子尚亦更○不足以解其憂凡以人悅之好色富貴此數者皆無足以解舜之憂惟得於父母然後可以解其憂夫人少小之時則知思慕父母及長知好其女色則思慕其少艾有妻子則思慕其妻子至於為仕則思慕其君如不得遇於君則熱中心而恐懼之也是則人之常情如此如為大孝者則終身思慕父母而不忘也然則孟子言至於五十之歲者而思慕父母而不敢忘者我於大舜見之矣故歷以此荅其萬章之問○注耕于歷山○正義曰上卷首章已說詳矣○注堯典至不復見○正義曰云堯典曰釐降二女不見九男惟丹朱胤嗣之子臣下以距堯求禪其餘八庶無事故不見二女則娥皇女英是也案尚書堯典放齊曰胤

子朱啟明帝曰吁嚚訟可乎孔安國云胄國名子爵朱胄子之名也益稷云無若丹朱傲孔注云丹朱堯之子是堯九子但見丹朱一人矣其餘八子亦未詳以其經傳無見爲云如晉獻公九人以事見於春秋餘四子亦不○所見者按魯莊公二十八年左傳云晉獻公娶于賈無子烝於齊姜生秦穆夫人及大子申生又娶二女於戎大戎生重耳小戎子生夷吾晉伐驪戎驪戎男女以驪姬歸生奚齊其娣生卓子凡此九人但見其此即此五人是也云獻公有九人按史記世家云獻公有子九人而太子申生重耳夷吾皆有賢行以此則知獻公有子九人而已其餘四者亦以經傳無見焉○注慕思慕至人之情正義曰云少少也艾美好也者蓋世之傳孟子者以少女爲少艾也按說文云艾老也長也又按禮記云五十曰艾是則艾誠老長之稱也謂之少艾安可乎是則云艾美好也者又不知何據爲之說也殆亦未可知○注老萊子七十而慕至書曰舜生三十徵庸三十在位正義曰云老萊子者按高士傳云老萊子楚人少以孝行養親極甘脆年七十父母猶存萊子服荊蘭之衣爲嬰兒戲親前言不稱老爲親取食上堂足跌而偃因爲嬰兒啼誠至發中楚室方亂乃隱耕於蒙山之陽○著書號萊子莫知所終又云老萊著五綵五色斑○斕○之衣出列女傳文今不載

萬章問

曰詩云娶妻如之何必告父母信斯言也宜莫如舜舜之不告而娶何也詩齊風南山之篇言娶妻之禮必告父母舜合信此詩之言何爲違禮不告而娶也孟子曰告則不得娶男女居室人之大倫也如告則廢人之大倫以懟父母是以不告也舜父頑母嚚常欲害舜告則不聽其娶是廢人之大倫以怨懟於父母也萬章曰舜之不告而娶則吾既得聞命矣帝之妻舜而不告何也禮娶須五禮父母先答以辭是相告也帝謂堯何不告舜父母曰帝亦知告焉則不得妻也帝堯知舜大孝父母止之舜不敢違則不得妻之故亦不告也萬章曰父母使舜完廩捐階瞽瞍焚廩使浚井出從而揜之完治廩倉階梯也使舜登廩屋而捐去其階焚燒其廩也一說捐階舜即旋從階下瞽瞍不知其已

下故焚廩也使舜浚井舜入而即出瞽瞍不知其已出從而蓋揜其井以爲舜死矣象曰謨蓋都君咸我績象舜異母弟也謨謀蓋覆也都於也君舜也舜有牛羊倉廩之奉故謂之君咸皆績功也象言謀覆於君而殺之者皆我之功欲與父母分舜之有取其善者故引爲己之功也牛羊父母倉廩父母欲以牛羊倉廩與其父母干戈朕琴朕弤朕二嫂使治朕棲干楯戈戟也琴舜所彈五絃琴也弤彫弓也天子曰彫弓堯禪舜天下故賜之彫弓也棲牀也二嫂娥皇女英使治牀欲以爲妻也象往入舜宮舜在牀琴象曰鬱陶思君爾忸怩象見舜生在牀鼓琴愕然反辭曰我鬱陶思君故來爾辭也忸怩而慙是其情也舜曰惟茲臣庶汝其于予治茲此也象素憎舜不至其宮也故舜見來而喜曰惟念此臣衆汝故助我治事不識舜不知象之將殺己與萬章言我不知舜不知象之將殺己與何爲好言順辭以荅象也曰奚而不知也象憂亦憂象

喜亦喜奚何也孟子曰舜何爲不知象惡己也仁人愛其弟憂喜隨之象方言思君故以順辭荅之曰然則舜僞喜者與詐僞也萬章言如是則爲舜行至誠而詐喜以悅人矣曰否昔者有饋生魚於鄭子產子產使校人畜之池校人烹之反命曰始舍之圉圉焉少則洋洋焉攸然而逝子產曰得其所哉得其所哉孟子言否云舜不詐喜也因爲說子產以喻之子產鄭子國之子公孫僑大賢人也校人主池沼小吏也圉圉魚在水羸劣之貌洋洋舒緩搖尾之貌攸然迅走水趣深處也故曰得其所哉重言之者嘉得魚之志也校人出曰孰謂子產智予既烹而食之曰得其所哉得其所哉故君子可欺以其方難罔以非其道彼以愛兄之道來故誠信而喜之奚僞焉方類也君子可以事類欺故子產不知校人之

食其魚象以其愛兄之道來問舜是亦其類也故誠信之而喜何爲僞喜也

疏萬章問曰至奚僞焉○正義曰此章言仁聖所存者大舍小從大達權之義不告而娶守正道也萬章問曰至何也者萬章問孟子言齊風南山之詩有云娶妻如之何必告父母如信此詩之言宜莫如舜信之今舜乃不告父母而娶是如之何也孟子曰至是以不告也孟子荅之曰舜如告父母則不得娶之也男女居室是人之大倫者也如告之則舜必不得娶也不得娶是廢人之大倫以致怨懟於父母也是以舜爲此所以不告父母而娶也萬章曰至何也者萬章又問孟子言舜之不告而娶則我既已得聞教命矣然堯帝而以二女妻於舜而不告舜父母是如之何也故以此問之妻者以女嫁人謂之妻也曰帝亦知告焉則不得妻也孟子又荅之曰帝堯亦知告舜父母則舜父母止之則不得以妻之也萬章曰至不知象之將殺己與萬章又問孟子言舜之父母使舜完治倉廩舜既登倉廩即捐梯而下瞽瞍不知已下乃焚廩欲因此以燒殺其舜又使舜深浚其井舜既浚井即反出之瞽瞍不知已出又欲從而掩之以溺殺其舜其舜有弟名象乃曰謀揜蓋而殺都君者皆我之功也都君即象稱舜也然謂之都君者蓋以舜在側微之時漁雷澤一年所居成聚二年成邑三年成都故以此遂因

為之都君矣注曰都於也其說亦通又曰牛羊與父母倉廩與父母干戈留我琴亦留我弤亦留我二嫂使治我之牀以為我妻欲與父母分此故先設言為謨蓋都君者咸我績耳於是象遂往入舜之宮遇舜又在牀而鼓五絃之琴愕然反其辭曰我氣閉積思意君故來此遂忸怩其顏而乃慙恥形於面容也以其恐舜知已謀其二嫂故也舜曰惟茲臣庶汝其于予治是舜見象素不來至其宮遂見至宮乃曰念此臣之衆汝其來助我治耳如此故萬章乃問孟子言舜帝不知其弟象之將欲殺其已與故以此好言而荅其象也曰奚而不知也象憂亦憂象喜亦喜孟子又言舜何為而不知象謀殺已也以其仁人愛其弟故象憂亦憂象喜亦喜故以好言荅之也曰然則舜偽為喜以悅人者與曰否至奚偽焉孟子又荅之曰舜非偽喜以悅人者矣又引以子產有饋生魚事而證之言往者有人饋賜生魚於鄭之子產子產受之乃使主池沼之吏曰挍人者畜養於池挍人烹煮而食之遂反歸命告於子產曰我始初放之於池則魚尚羸之圉圉然於水而未遊少頃則洋洋然舒緩搖尾而走趣於深處子產信之以為然乃曰此魚是得其所養哉故重言之乃嘆魚之得志於水甚快然也其挍人乃出而與人曰誰謂子產為智者有知於人予既烹煮而食其魚子產乃曰得其所哉得其所哉

如此孟子故於此言故君子者可欺僞以其方類難誣罔全以非其道也彼象謂以鬱陶思君是以愛兄之道來至於宫是以但欺以其方類也故舜遂必以誠深信之而喜其來故以好辭荅之矣何爲以舜爲僞喜者焉言舜不僞也亦若是人欺子産之謂故子産亦必曰得其所哉得其所哉耳所謂方類者以其在疑似之間故也○注完治至爲死矣○正義曰云捐去其階焚舜之説不若旋階之説通也按史記云瞽瞍欲殺舜使舜上塗廩瞽瞍從下縱火焚廩舜乃以兩笠自扞而下去得不死後瞽瞍又使舜穿井爲匿空旁出舜既入深瞽瞍與象共下土實井舜從匿空旁出去瞽瞍與象喜以爲舜死矣象曰本謀者象之謀也象於是與父母分於是曰舜妻堯二女與琴象取之牛羊倉廩事父母象乃止舜宫居鼓其琴舜往見之象愕不懌曰我思舜正鬱陶舜曰然爾其庶舜復事瞽瞍愛弟彌謹凡此亦其事也以史記觀之則捐階之説是此之文也大抵學者不可執此以爲深然也當以意喻默然有自判之論可矣○注干楯戈戟也至妻也○正義曰云干楯也者按孔安國云干楯也周禮掌五兵五楯鄭玄云五楯干櫓之屬云戈戟也者禮圖云戈今之勾戟或謂之雞鳴或之擁頸內謂胡以內接柲者也長四寸胡六寸疏云胡子横捭微邪向上不勾不勾似磬之折殺也又云戟今之

三鋒戟也內長四寸半胡長六寸以其與戈相類故云戈戟也論其○則別矣云彤弓天子之弓者彤弓漆赤弓也尚書云彤弓一彤矢百孔安國云諸侯有大功賜弓矢然後專征伐彤弓所以講德習射藏示子孫周禮司弓云天子之弓合九而成規諸侯之弓合七而成規大夫合五而成規士合三而成規是其等也云五絃琴者史記云舜彈五絃之琴是矣云棲床者蓋取類於禽棲故也以其床則主木而言棲則主棲而言二女即娥皇女英是也○注鄭子國之子公孫僑者○正義曰按左傳云子産穆公之孫公子發之子名僑公子之子曰公孫襄三十年執鄭國之政爲鄭大夫公子發字子國公孫之子以王父字爲氏據後而言故稱爲國僑

萬章問曰象日以殺舜爲事立爲天子則放之何也怪舜放之何故孟子曰封之也或曰放焉舜封象於有庳或有人以爲放之

萬章曰舜流共工于幽州放驩兜于崇山殺三苗于三危殛鯀于羽山四罪而天下咸服誅不仁也象至不仁封

之有庳有庳之人奚罪焉仁人固如是乎在他人則誅之在弟則封之舜誅四佞以其惡也象惡亦甚而封之仁人用心當如是乎罪在他人當誅之在弟則封之曰仁人之於弟也不藏怒焉不宿怨焉親愛之而已矣親之欲其貴也愛之欲其富也封之有庳富貴之也身爲天子弟爲匹夫可謂親愛之乎孟子言仁人於弟不問善惡親愛之而已封者欲使富貴耳身既已爲天子弟雖不仁豈可爲匹夫敢問或曰放者何謂也萬章問放之意曰象不得有爲於其國天子使吏治其國而納其貢稅焉故謂之放豈得暴彼民哉象不得施教於其國天子使吏代其治而納貢賦與之比諸見放也有庳雖不得賢君象亦不侵其民也雖然欲常常而見之故

源源而來不及貢以政接于有庳雖不使象得豫政事舜以兄弟之恩欲常常見之無已故源源而來如流水之與源通不及貢者不待朝貢諸侯常禮乃來也其間歲歲自至京師謂若天子以政事接見有庳之君者實親親之恩也此之謂也此常常以下皆尚書逸篇之辭孟子以告萬章言此乃象之謂也

【疏】萬章問曰至此之謂也○正義曰此章言仁人之心如是也萬章問曰象日以殺舜爲事立爲天子則放之何也者萬章問孟子以謂象日日以謀殺舜爲事然舜既立爲天子則放象而不誅如之何孟子曰封之也或曰放焉孟子荅之曰是封象也或人言放焉萬章曰至在弟則封之萬章又問舜流共工於幽州放驩兜於崇山殺三苗于三危殛鯀于羽山誅罪此四者而天下於是咸服此乃是誅戮其不仁者也然象傲極不仁乃反封之於有庳之國則有庳之國中人何罪也仁人固肯如此乎在他人之惡則誅戮焉在弟則封之國故曰仁人固如是乎萬章之意以謂仁人必不肯如此也孔安國注尚書云共工象恭滔天足以惑世故流放之幽州北裔水中可居者曰洲驩兜黨於共工罪惡同崇山南裔也三苗國名縉雲氏之後爲諸侯號饕餮三危西裔鯀方命圮族績用不成羽山東裔在海中按

史記云共工少皥氏不才子天下謂之窮奇者也驩兜帝鴻氏不才子天下謂之混沌者也鯀顓頊氏不才子天下謂之饕餮者也曰仁人之於弟也至可謂親愛之乎孟子又荅之曰仁者之人於其弟也不藏怒心不留宿怨但親愛之而已所以親之者以欲其貴也愛之者以欲其富也今舜封象於有庳者是所以富貴之也如舜身自為天子而使弟只為之匹夫可謂為親愛其弟者乎有庳國之名號也敢問或曰放者何謂也萬章又問孟子或人言放之者是何所謂也曰象不得有為於其國至此之謂也孟子又荅之曰象之於庳不得施政教於其國中天子使吏代之以治其國而納天子之貢賦焉故謂之為放也象豈得暴彼有庳之國民哉以其使吏代之故也雖然不使象得施政教而舜以兄弟親親之恩欲常常見之故源源如水之流與源而通不以朝貢之諸侯常禮乃來也其自至而見天子如天子以政事接見於有庳之君也故孟子云是此之謂也○注云自常常已下皆尚書逸篇之辭○正義曰按隋經籍志尚書逸篇出於齊梁之間考其篇目似孔氏壁中書之殘缺者故附尚書之末唐有三卷徐邈為之注焉蓋其文也

咸丘蒙問曰語云盛德之士君不得而臣父不得而子舜

南面而立堯帥諸侯北面而朝之瞽瞍亦北面而朝之舜見瞽瞍其容有蹙孔子曰於斯時也天下殆哉岌岌乎不識此語誠然乎哉〔咸丘蒙孟子弟子語者諺語也言盛德之士君不敢臣父不敢子堯與瞽瞍皆臣事舜其容有蹙踖不自安也孔子以爲君父爲臣岌岌乎不安貌也故曰殆哉不知此語實然乎〕孟子曰否〔言不然也〕此非君子之言齊東野人之語也〔東野東作田野之人所言耳咸丘蒙齊人也故聞齊野人之言書曰平秩東作謂治農事也〕堯老而舜攝也堯典曰二十有八載放勳乃徂落百姓如喪考妣三年四海遏密八音〔孟子言舜攝行事耳未爲天子也放勳堯名徂落死也如喪考妣思之如父母也遏止也密無聲也八音不作哀思甚也〕孔子曰天無二日民無二王舜既爲天子矣又

帥天下諸侯以爲堯三年喪是二天子矣日一王一言不得並也咸丘蒙曰舜之不臣堯則吾既得聞命矣不以堯爲臣也詩云普天之下莫非王土率土之濱莫非王臣而舜既爲天子矣敢問瞽瞍之非臣如何詩小雅北山之篇普徧率循也徧天下循土之濱無有非王者之臣而曰瞽瞍非臣如何也曰是詩也非是之謂也勞於王事而不得養父母也曰此莫非王事我獨賢勞也孟子言此詩非舜臣父之謂也詩言皆王臣也何爲獨使我以賢才而勞苦不得養父母乎是以怨也故說詩者不以文害辭不以辭害志以意逆志是爲得之如以辭而已矣雲漢之詩曰周餘黎民靡有孑遺信斯言

也是周無遺民也文詩之文章所引以興事也辭詩人所歌詠之辭志詩人志所欲之事意學者之心意也孟子言說詩者當本之不可以文害其辭文不顯乃反顯也不可以辭害其志辭曰周餘黎民靡有孑遺志在憂旱災民無孑然遺脫不遭旱災者非無民也人情不遠以己之意逆詩人之志是爲得其實矣王者有所不臣不可謂皆爲王臣謂舜臣其父也孝子之至莫大乎尊親尊親之至莫大乎以天下養爲天子父尊之至也以天下養養之至也尊之至瞽瞍爲天子之父養之至舜以天下之富奉養其親至極也詩曰永言孝思孝思惟則此之謂也詩大雅下武之篇周武王所以長言孝道欲以爲天下法則此舜之謂也書曰祗載見瞽瞍夔夔齋栗瞽瞍亦允若是爲父不得而子也書尚書逸篇祗敬載事也夔夔齋栗敬慎戰懼貌舜既爲天子敬事嚴父戰栗以見瞽瞍瞍亦信知舜之大孝若是爲父不得而子也以此解咸丘蒙之疑○

疏咸丘蒙至不得而子也○正義曰此章言孝莫大於嚴父而尊之矣行莫過於蒸蒸而執子之政者也咸丘蒙問曰至誠然乎哉者咸丘蒙問孟子曰諺語有云盛德之士君不得而臣之父不得而子之今舜嚮南面而立爲天子堯帝乃率天下諸侯北面而朝之而舜見瞽瞍其容蹙然而不敢自安孔子亦云於此時也而天下危殆岌岌乎如也岌岌不安之貌也然未知此諺語實如是乎孟子曰否此非君子之言齊東野人之語也者孟子荅以否不然也此語非君子之言也即齊東作田野人之語也堯老而舜攝之至是二天子矣孟子又言堯帝既老而舜於是攝權堯行事耳未爲二天子也堯典之篇有云言舜攝堯行事至二十有八年放勛乃徂落而死放勛堯之號也魂氣往爲徂體魄殞爲落大抵則死也堯既死天下百姓如喪其父母三年四海之內絕盡八音以其哀思之甚也禮記曰生曰父曰母死曰考曰妣鄭注云考成也言其德行之成也妣之言媲也媲於考故也八音金石絲竹匏土革木是也孔子云天無兩日民無兩王如舜既爲天子矣又率諸侯以爲堯三年之喪是則爲二天子矣言日與王不可得而並也以其舜方攝堯行事未爲天子故也咸丘蒙曰至非臣如何者咸丘蒙又言舜之不得臣堯則我既得聞教命矣然而詩小雅北山之篇有云徧天之下

莫非爲王之土地循土之濱莫非爲王之臣而舜既得爲王之臣而舜既得爲天子矣敢問舜父瞽瞍之非臣是如之何曰是詩也非是之謂也至是周無遺民也者孟子又荅之曰此北山之詩云非是舜臣父之謂也其詩蓋言勤勞於王事而不得奉養其父母者也故云普天之下莫非王土率土之濱莫非王臣言皆是王臣也以其無非爲王事者也何爲獨使我以賢才而勞苦不得奉養其父母也故以是而怨之也故說詩者不以文而害逆其辭又不可以其辭而害逆其詩人之志以已之心意而逆求知詩人之志是爲得詩人之辭旨人如說詩者但以歌詠之辭爲然而不以已之意而求詩人志之所在而爲得此詩人之旨而已矣則雲漢之篇有云周餘黎民靡有孑遺信此言也是周無遺民矣殊不知此雲漢之詩其詩人之志蓋在憂旱災以其多有死亡者矣今其餘民無有單子得遺脫不遭旱災者非謂無民也子單也孟子引此所以證此北山之詩云普天之下莫非王土率土之濱莫非王臣亦非謂舜臣父之意也孝子之至莫大乎尊親至是爲父不得而子也者孟子又言孝子之至不可以有加者莫大乎尊親爲之至也尊親之至莫大乎以天下奉養其親是爲尊親之至也今瞽瞍爲天子之父是舜尊親之至者也舜以天下奉養之是養之至者也詩大雅下武之篇云武王

長言孝心之所思所思者維則法大王王季文王三后之所行耳此亦舜之謂也書於大禹謨篇亦云舜敬以事見于父夔夔然悚懼齋莊戰栗瞽瞍亦信順之見舜以瞍爲父而不得子之也孔安國注云祇敬載事也允信若順也○注咸丘蒙○正義曰云爲孟子弟子齊人也者他經傳未詳今按春秋威公七年有焚咸丘杜預云咸丘魯地以此推之則此所謂咸丘蒙者豈咸丘之人有以蒙爲名者邪是未可知也注乃云齊人也者蓋魯國孟子時爲齊之所侵故咸丘之地乃爲齊之地故也有所問於孟子即爲弟子矣○注書平秩東作○正義曰孔安國傳云平均次序東作之事以務農也○注詩小雅北山之篇○正義曰此篇蓋刺幽王役使不均已勞於從事而不得養其父母也○注大雅下武之篇○正義曰此詩蓋詠武王有聖德復受天命能昭先人之功也○注逸篇○正義曰據今大禹謨有云此非特止於逸篇文也已矣

孟子注疏解經卷第九上

大清嘉慶二十年用文選樓藏本校

江西盧氏宣旬校

南昌縣知縣陳煦栞

孟子注疏卷九上挍勘記

阮元撰盧宣旬摘錄

因以題其篇也　閩監毛三本同宋本孔本韓本考文古本無其字也字

謂耕于歷山之時然也　閩監毛三本同廖本孔本韓本于作於無然也二字考文引歷山之時然也云古本無然也二字

秋天也　閩監毛三本同宋本廖本孔本韓本考文古本無天字足利本無也字

幽陰氣也　閩監毛三本同宋本廖本孔本韓本考文古本幽作憂

非爾所知也已　閩監毛三本同廖本孔本韓本考文古本無也已二字

故爲言高息之用對如此　閩監毛三本用作問宋本廖本孔本韓本考文古本作相按此當以宋廖本爲正作問非也

因以萬章具陳其意耳　閩監毛三本同廖本孔本韓本考文古本以作爲無耳字

皆堯典及逸書所載案段玉裁尚書撰異曰此堯典字乃及不告而娶章及原原而來數語及字衍傳寫之失也此章當是舜典中語蓋舜登庸以後事全見於堯典而登庸以前及家庭事乃在舜典也此注上文云逸書有舜典之敘亡失其文則此正當作孟子所言諸舜事皆舜典逸書所載謂亡失文中語也舜既攝堯淺人乃又妄沾及字

亦不復見於經閩監毛三本同廖本孔本韓本考文古本無於經二字

堯須天下悉治閩監毛三本孔本足利本同韓本考文古本治作洽

三十在位廖本孔本韓本足利本同閩監毛三本三作五考文古本作二○按段玉裁曰作五者非也作三者亦未是作二者是也古文尚書舜生三十登庸三十在位五十載馬融王肅姚方興本之爲舜年百十二歲之說今文尚書舜生三十徵庸二十在位五十載大戴禮五帝德史記五帝本紀皇甫氏帝王世紀皆本之爲舜年百歲之說王充趙岐皆從今文者也論衡氣壽篇曰舜生三十徵用二十在位五十載陟方乃死適百歲矣趙注此章

五十而慕云書曰舜生三十徵庸二十在位在位時尚慕故言五十也合三十二十正是五十乃爲五十而慕之證今本作三十在位何可通耶今本論衡亦改二十在位作三十在位使下文適百歲之語不可接皆由不知今文古文之異也鄭康成注古文而用今文正古文正義曰鄭元讀此經云舜生三十謂生三十年也登庸二十謂歷試二十年在位五十載陟方乃死謂攝位至死爲五十年舜年一百歲也此正鄭說三當作二以今正古故正義冠之以鄭元讀此經云六字不則直曰鄭某云鄭云而已未嘗有鄭元讀此經云云之例讀此經者明此經之本不如是也此所以馬王姚作三十在位而鄭作二十也自宋以來皆不憭此意尚書撰異中詳言之

章指言夫孝百行之本無物以先之雖富有天下而不能取悅於其父母莫有可也孝道明著則六合歸仁矣

萬章言舜堯　閩本同監毛本無舜字

又將須以天下　閩本同監本毛本須作胥

尙亦更不足以解其憂　閩監毛三本無更字

餘四子亦不所見者　監毛本不作無是也

五色班襴之衣　閩本同監毛二本班襴作斑斕

齊風南山之篇　閩監毛三本同宋本孔本足利本風上有國字韓本考文古本風作國

父母先替以辭　閩監毛三本同岳本廖本孔本韓本先作亢

帝謂堯何不告舜父母　閩監毛三本同廖本孔本韓本考文古本堯下父母下並有也字○按當疊堯字

故亦不告也　閩監毛三本同廖本孔本韓本考文古本無也字

一說捐階　閩監毛三本同宋本孔本韓本考文古本捐作旋○按說文圜規也趙意捐同圜故訓爲旋

從而蓋揜其井　閩監毛三本同宋本孔本韓本考文古本無揜字

以爲舜死矣　閩監毛三本同宋本孔本韓本考文古本無舜字

舜異母弟也　閩監毛三本同廖本孔本韓本考文古本無也字

故引爲已之功也　閩監毛三本同宋本廖本孔本韓本考文古本作故引其功也

天子曰彫弓　考文古本彫作彤下同按音義出彫弓云或作彤誤

象見舜生　閩監毛三本岳本孔本韓本同宋本無生字

不知象之將殺己與　閩監毛三本同宋本孔本韓本己作之

羸劣之貌　毛本劣誤弱

迅走水趣深處也　孔本韓本同考文古本同閩監毛三本水趣倒

重言之者　閩監毛三本同廖本孔本韓本無者字

嘉得魚之志也　宋本各本並同毛本嘉誤喜

象以其愛兄之道來向舜 廖本考文古本同岳本孔本韓本足利本道作言閩監毛三本向誤問

章指言仁聖所存者大舍小從大達權之義也不告而娶守正道也

或之擁頸 閩本同監本或下剜增謂字毛本同

論其則別矣 閩本同監毛二本其下增制字

則主棲而言 閩本同監毛本棲作取

罪在他人 宋本他作何

不問善惡 岳本各本並同宋本問作間

身既已爲天子 閩監毛三本同宋本孔本韓本考文古本無既已二字足利本無已字

豈可爲匹夫　閩監毛三本同廖本孔本韓本考文古本作豈可使爲匹夫也足利本無也字

此常常以下　閩監毛三本同廖本孔本韓本以作已

章指言懇誠于內者則外發於事仁人之心也象爲無道極矣友于之性忘其悖逆況其仁賢乎

搢雲氏之後　補監毛本搢作縉與左傳合

東作田野之人　廖本孔本韓本考文古本同閩監毛三本作誤鄙○按東作出堯典下文著之

放勛　孔本考文古本勛作動案音義出勛字云音動則作動非也

攝行事耳　宋本閩本孔本韓本同監毛二本耳誤時

謂舜臣其父也　閩監毛三本同宋本孔本韓本考文古本無其字

爲天子之父　閩監毛三本同宋本孔本韓本考文古本無之字

以此解咸丘蒙之疑閩監毛三本同岳本廖本孔本韓本考文古本此作是

章指言孝莫大於嚴父而尊之矣行莫過於蒸蒸執子之政也此聖人軌道無有加焉

而舜既得爲王之臣而舜既得爲天子矣上八字衍閩本作而舜既爲天子則是舜既得爲天子矣監毛本同

孟子注疏卷九上校勘記

奉新趙儀吉校

孟子注疏解經卷第九下

萬章章句上　趙氏注　孫奭疏

萬章曰：堯以天下與舜，有諸？（欲知堯實以天下與舜否）孟子曰：否。（堯不與之）天子不能以天下與人。（當與天意合之非天命者天子不能違天命也堯曰咨爾舜天之歷數在爾躬是也）然則舜有天下也，孰與之？（萬章言誰與之也）曰：天與之。（孟子言天與之）天與之者，諄諄然命之乎？（萬章言天有聲音命與之乎）曰：否。天不言，以行與事示之而已矣。（孟子曰天不言語但以其人之所行善惡又以其事從而示天下也）曰：以行與事示之者如之何？（萬章欲知示之之意）曰：天子能薦人於天，不能使天與之天下；諸侯能薦人於天子，不能使天子與之諸侯大夫能薦人於諸侯不能使諸侯與之大夫昔者堯薦舜於天而天受之暴之於民而民受之故曰天不言以行與事示之而已矣孟子言下能薦人於上不能令上必用之舜天人所受故得天下也曰敢問薦之於天而天受之暴之於民而民受之如何萬章言天人受之其事云何曰使之主祭而百神享之是天受之使之主事而事治百姓安之是民受之也天與之人與之故曰天子不能以天下與人百神享之祭祀得福也百姓安之民皆謳歌其德也舜相堯二十有八載非人之所能爲也天也二十八年之久非人爲也天與之也堯崩三年之喪畢舜避

堯之子於南河之南，天下諸侯朝覲者不之堯之子而之舜，訟獄者不之堯之子而之舜，謳歌者不謳歌堯之子而謳歌舜，故曰天也。夫然後之中國，踐天子位焉。而居堯之宮，逼堯之子，是篡也，非天與也。南河之南，遠地南夷也。故言然後之中國。堯子肖子丹朱。訟獄，獄不決其罪，故訟之。謳歌，謳歌舜德也。泰誓曰：天視自我民視，天聽自我民聽。此之謂也。泰誓，尚書篇名。自，從也。言天之視聽從人所欲也。

疏「萬章曰」至「此之謂也」。○正義曰：此章言德合於天，則天爵歸之；行歸於仁，則天下與之者也。萬章曰堯以天下與舜有諸者，萬章問孟子，堯帝以天下與舜，有之乎？孟子曰否者，孟子荅之，堯不與之也。天子不能以天下與人者，孟子言天子不能以天下與其人也。然則舜有天下也，孰與之者，萬章又問孟子，言如此，則舜有天下也，誰與之？曰天與之者，孟子荅以爲天與之也。天與之者，諄諄然命之乎者，萬章又問天與之舜者天有聲音諄諄然命與之乎曰天不言以行與事示之而已矣孟子又荅之言天不以言語諄諄然命之也但以人之所行善惡與其事從而示之而止矣曰以行與事示之者如之何萬章又問以行與事示之者是如之何也曰天子能薦人至示之而已矣孟子荅之言天子者雖能舉薦人於上天也又不能使上天以與之天下也諸侯者能舉薦人於天子而不能使天子必與爲之諸侯大夫者能薦人於諸侯而不能使諸侯必與爲之大夫往者堯舉薦舜於上天而天受之暴之於民而民受之我故曰天不言以行與事示之矣曰敢問薦之於天而天受之暴之於民而民受之如何萬章又問薦之於天而天受之與暴之於民而民受之是如之何也曰使之主祭而百神享之是天受之也使之主事而事治百姓安之是民受之也天與之人與之故曰天。不能以天下與人也書云納于大麓是堯薦舜於天也烈風雷雨弗迷是天受之也所謂百神享之亦可知也慎徽五典于百揆是暴之於民也五典克從百揆時敘是民受之也所謂百姓安之亦可知也曰黎民於變時雍是也然於天則云薦於民則云暴者蓋天遠而在上是爲尊者也聖人於天舉其所知而取舍不在我故云薦之也民近而在下是爲卑者也聖人之於民顯其功業而使之自附故云暴之也所謂受之者即是與之也舜相堯至此之謂也孟子又言舜攝行堯事輔相之得二十八年之久非人所能爲之也乃天與之也堯帝既崩死舜率天下諸侯爲堯三年喪三年喪既畢舜乃逃避堯之子丹朱而隱於南河之南天下諸侯朝覲而來者不往朝覲於堯之子丹朱而往朝覲於舜訟獄有未決斷者不往求治於堯之子丹朱而往求治於舜謳歌吟詠者不吟詠堯之子丹朱而吟詠舜故曰天與之也如此然後往歸中國履天子之位焉如使舜不避堯之子而居堯帝之宮逼逐堯之子是則爲簒奪者也非謂爲天與之也泰誓篇亦云天之所視從我民之所視天之所聽亦從我民之所聽是此天與之人與之之謂也○注咨爾舜天之歷數在爾躬○正義曰案論語堯曰篇有此文書亦有此何晏曰歷數列次也孔安國云歷數天道謂天歷運之數帝王易姓而興故言歷數謂天道○注河南南夷也○正義曰案裴駰云劉熙曰南河之南九河之最南者是也是知爲南夷也所謂中國劉熙云帝王所都爲中故曰中國○注泰誓尚書篇○正義曰孔安國傳云泰誓者大會以誓衆也又云天因民以視聽民所惡者天誅之而已

萬章問曰人有言至於禹而德衰不傳於賢而傳於子有諸

問禹之德衰不傳於賢而自傳於子有之否乎孟子曰否不然也。天與賢則與賢天與子則與子言隨天也昔者舜薦禹於天十有七年舜崩三年之喪畢禹避舜之子於陽城天下之民從之若堯崩之後不從堯之子而從舜也禹薦益於天七年禹崩三年之喪畢益避禹之子於箕山之陰朝覲訟獄者不之益而之啓曰吾君之子也謳歌者不謳歌益而謳歌啓曰吾君之子也丹朱之不肖舜之子亦不肖舜之相堯禹之相舜也歷年多施澤於民久啓賢能敬承繼禹之道益之相禹也歷年少施澤於民未久舜薦禹禹薦益同也以啓之賢故天下歸之益又未久故也陽城箕山之陰皆嵩山下深谷之中以藏處也舜禹益相去久遠其子之賢不肖皆天也非人之所能爲也莫之爲而爲者天也莫之致而至者命也莫無也人無所欲爲而橫爲之者天使爲也人無欲致此事而此事自至者是其命而已矣故曰命也匹夫而有天下者德必若舜禹而又有天子薦之者故仲尼不有天下仲尼無天子之薦故不得以有天下繼世而有天下繼世之君雖無仲尼之德襲父之位非匹夫故得有天下也天之所廢必若桀紂者也故益伊尹周公不有天下益值啓之賢伊尹值太甲能改過周公值成王有德不遭桀紂故以匹夫而不有天下伊尹相湯以王於天下湯崩太丁未立外丙二年仲壬四年太甲

顛覆湯之典刑伊尹放之於桐三年太甲悔過自怨自艾於桐處仁遷義三年以聽伊尹之訓已也復歸于亳太丁湯之太子未立而薨外丙立二年仲壬立四年皆太丁之弟也太甲太丁子也伊尹以其顛覆典刑放之於桐邑處居也遷徙也居仁徙義自怨其惡行艾治也治而改過以聽伊尹之教訓已故復得歸之於亳反天子位也周公之不有天下猶益之於夏伊尹之於殷也孔子曰唐虞禪夏后殷周繼其義一也周公與益伊尹雖有聖賢之德不遭者時然孔子言禪繼其義一也疏萬章問曰至其義一也○正義曰此章言義於仁則四海宅心守正不足則賢位莫繼者也萬章問孟子曰世人有言至於禹之代而德衰微不傳於賢而傳於子有諸此乎否孟子荅之曰否不然也天與之賢者則與賢者天與之子則與子以其隨天如何耳往者舜薦禹於天及得十有七年舜於是崩死禹以三年服喪畢遂避舜之子商均隱於陽城天下之民從禹若堯之死後

民之舜而不之丹朱也禹其後又薦益於天及得七年禹即崩死益以三年服喪畢益遂避禹之子啓隱於箕山之陰朝覲訟獄謳歌者皆不歸益而歸禹之子啓咸曰我君之子也無它以其堯子丹朱不肖舜子商均亦不肖而舜之輔相堯禹之輔相舜而歷年多矣施恩澤於民已久天下之民所以歸舜與禹不歸丹朱商均也啓以賢能敬承續禹之治而益又輔相禹但七年其歷年尚少不如舜相堯二十有八年禹相舜十有七年之多而施恩澤於民亦未至久所以天下之民不歸益而歸啓也又況啓有賢德與丹朱商均之不同耶舜禹益相去年代已久遠其子之或賢或不肖天使然也非人所能爲之也人莫之爲然而爲然者故曰天使然也人莫能致之此事而其事自至者是其命有是也言天與命者究其義則一也以其無爲而無不爲故曰天也天之使我有是之謂命故曰命也天下善否天實使之然也祿位器服乃其所命故也今丹朱商均與啓三者之或賢或否是其天也天下之民或歸之或不歸之是其命也與書所謂天難諶命靡常孔子云死生有命富貴在天凡此亦天與命之意也匹夫之賤而有天下者其義必如舜禹而又得天子薦之者故得有天下也故孔子不有天下雖言有德然而無天子以薦之者是不有天下也繼世之君雖無仲尼之德然而襲父之位

又非匹夫故得有天下也夫天之所以廢滅者必若桀與紂之暴虐然後無乃廢滅之矣故益伊尹周公三者不有天下以其時值啓太甲成王三君皆賢天不廢此三君故益伊尹周公所以不有天下也伊尹相湯王天下也及湯崩死太子太丁未立而喪於是太丁弟外丙立外丙即位二年崩外丙弟仲壬立仲壬即位四年崩太丁子太甲立太甲即位遂顛覆湯之典刑伊尹乃放之於桐宮及三年太甲乃自悔過而怨其已惡遂治身於桐宮於是居仁徙義以聽伊尹之教訓復歸于亳都反天子之位焉周公之不有天下若益之於夏禹伊尹之於殷湯故也孔子曰唐虞二帝禪讓其位夏禹殷湯周武繼父之位其義則一更無二也謂其義則一而無二者蓋唐虞與賢夏后殷周與子天與賢則與賢天與子則與子其爲順天則一而已故曰其義則一也云禪者蓋唐虞禪祭而告傳位故曰禪也○注陽城箕山之陰皆嵩山下深谷中正義曰案史記裴駰注云劉熙曰陽城是今之潁川也箕山嵩高之北是也○注太丁湯之子至位也○正義曰案史記文已具在公孫丑篇内此更不録然史記乃云外丙即位三年今孟子云外丙二年蓋史記不稽孟子之過也○注丹朱商均○正義曰堯舜之子皇甫謐云娥皇無子商均女英生也

萬章問曰人有言伊

尹以割烹要湯有諸人言伊尹負鼎俎而干湯有之否孟子曰否不然否不是也伊尹耕於有莘之野而樂堯舜之道焉非其義也非其道也祿之以天下弗顧也繫馬千駟弗視也非其義也非其道也一介不以與人一介不以取諸人有莘國名伊尹初隱之時耕於有莘之國樂仁義之道非仁義之道者雖以天下之祿加之不一顧而覷也千駟四千匹也雖多不一眄視也一介草不以與人亦不以取於人也湯使人以幣聘之囂囂然曰我何以湯之聘幣爲哉我豈若處畎畝之中由是以樂堯舜之道哉湯聞其賢以玄纁之幣帛往聘之囂囂然自得之志無欲之貌也曰豈若居畎畝之中而無憂哉樂我堯舜仁義之道湯三使往聘之既而幡然改曰與我處畎畝之中

由是以樂堯舜之道吾豈若使是君爲堯舜之君哉吾豈若使是民爲堯舜之民哉吾豈若於吾身親見之哉幡反也三聘既至而後幡然改本之計欲就湯聘以行其道使君爲堯舜之君使民爲堯舜之民天之生此民也使先知覺後知使先覺覺後覺也予天民之先覺者也予將以斯道覺斯民也非予覺之而誰也覺悟也天欲使先知之人悟後知之人我先悟覺者也我欲以此仁義之道覺悟此未知之民非我悟之將誰教乎思天下之民匹夫匹婦有不被堯舜之澤者若已推而內之溝中其自任以天下之重如此故就湯而說之以伐夏救民伊尹思念不以仁義之道化民者如己推排內之溝壑中也自任之重如此故就湯說之伐夏桀救民之

厄也

吾未聞枉已而正人者也況辱已以正天下者乎枉已者尚不能以正人況於辱已之身而有正天下者也。聖人之行不同也，或遠或近，或去或不去，歸潔其身而已矣。不同，謂所由不同，大要當同歸，但殊塗耳。或遠者，處身遠也。或近者，仕者近君也。或去者，不屑就也。或不去者，去焉能浼我也。歸絜於身不汙已而已。吾聞其以堯舜之道要湯，未聞以割烹也。我聞伊尹以仁義干湯，致湯為王，不聞以割烹牛羊為道。伊訓曰：天誅造攻自牧宮，朕載自亳。伊訓，尚書逸篇名。牧宮，桀宮。朕，我也，謂湯也。載，始也。亳，殷都也。言意欲誅伐桀，造作可攻計之罪者，從牧宮桀起，自取之也。湯曰：我始與伊尹謀之於亳，遂順天而誅之也。

疏 萬章問曰至自亳○正義曰：此章言賢達之理世，務推政以濟時，不枉道以取容，期於益治而已者也。萬章問曰至有諸者，萬章問孟子，謂世人有言伊尹以負鼎俎割烹之事而干湯，有之否乎。孟子曰否至朕載自亳，孟子荅之曰否，不是也。伊尹耕於有莘之國野而樂行堯舜二帝之道如非其義與非○其道也雖祿賜之以天下之大且不顧而若無也繫馬雖千匹之多亦且不眄視也非其義也非其道也雖一草介亦不取諸人也以其伊尹所操守如是也湯聞如此之賢乃使人以幣帛之物往聘之伊尹且囂囂然自得而曰我何爲以湯之幣聘是爲出哉我豈如居處有莘之畎畝之中緣此以樂堯舜之道哉湯至三次使人往以幣帛聘之既至而後反然改本之計曰與我居處有莘之畎畝之中由是以樂堯舜之道我豈如使此君成湯爲堯舜之君哉吾豈若使湯之民爲堯舜之民哉我豈若吾身今得親見致君爲堯舜之君致民爲堯舜之民哉於是又曰上天之生此人民也是使爲先知以覺悟後知者也是使爲先覺悟以覺悟其後覺者也我今亦天民之先覺者也我將亦以伊尹樂堯舜仁義之道以覺悟今之民如非我覺悟之而誰能也孟子於此又言伊尹思念天下之民雖一匹之夫婦有不被堯舜之恩澤者如已推而內之於溝壑中也其伊尹自任以天下之重如此然後故就湯而說之以伐夏桀而救人民之厄也我未聞有枉其已身而能正人者也而況伊尹肯辱身負鼎俎割烹之事以爲正天下者乎且聖人所行之迹不同也或遠處其身而不仕或近而仕君或去而不屑就或不去以爲爾焉能浼我哉但歸絜其

身而不汚已而已矣如是則我所以但聞伊尹以堯舜之道干說其湯未聞以鼎俎割烹之事而要湯也故尚書伊訓之篇有云天行誅伐始攻之罪者自桀宫起也湯言我始與伊尹謀之自亳地也以此詳之則知伊尹非事割烹之汚而要湯伐桀者也伊尹或遠而不仕謂在有莘之野是也或近而仕謂湯三聘而往見之是也去亳適夏所謂或去是也既醜有夏復歸于亳所謂或不去是也○注伊尹負鼎俎而干湯○正義曰案史記殷本紀云伊尹名阿衡欲干湯而無由乃爲有莘氏媵臣負鼎俎以滋味說湯致於王道或曰伊尹處士湯使人聘迎之五反然後肯往從湯言素王及九主事湯舉任以國政伊尹去湯適夏既醜有夏復歸于亳裴駰云列女傳曰湯妃有莘氏之女劉向別録曰九主者有去君專君授君勞君寄君等君破君國君三歲社君凡九品圖畫其形是也○注有莘國名至人也○正義曰案左傳莊公二十二年秋七月有神降于莘杜預曰莘號地又云號國今滎陽縣是也云千駟四千匹案論語孔子云齊景公有馬千駟孔安國注云千駟四千匹○注伊訓至牧宫○正義曰云伊訓逸篇之名蓋今之尚書亦有伊訓之篇乃其文則曰造攻自鳴條朕哉自亳孔安國傳云造皆始也鳴條也也在安邑之西又云湯始居亳孔安國云帝嚳都亳湯自商丘遷焉是則亳帝

嚳之都也今云殷都即因湯居而言爾

萬章問曰或謂孔子於衛主癰疽於齊主侍人瘠環有諸乎有人以孔子孫然癰疽癰疽之醫者也瘠姓環名侍人也衛君齊君之所近狎人也孟子曰否不然也好事者爲之也否不也不如是也但好事毀人德行者爲之辭爾於衛主顏讎由彌子之妻與子路之妻兄弟也彌子謂子路曰孔子主我衛卿可得也子路以告孔子曰有命孔子進以禮退以義得之不得曰有命而主癰疽與侍人瘠環是無義無命也顏讎由衛賢大夫孔子以爲主彌子彌子瑕也因子路欲爲孔子主孔子知彌子幸於靈公不以正道故不納之而歸於命也孔子進以禮退以義必曰有天命也若主此二人是爲無義無命者也孔子不悅於魯衛遭宋桓司馬將要

而殺之微服而過宋是時孔子當阨主司城貞子爲陳侯周臣孔子以道不合不見悅魯衛之君而去適諸侯遭宋桓魋之故乃變更微服而過宋司城貞子宋卿也雖非大賢亦無諂惡之罪故謚爲貞子陳侯周陳懷公子也爲楚所滅故無謚但曰陳侯周是時孔子遭阨難不暇擇大賢臣而主貞子爲陳侯周臣也於衞齊無阨難何爲主癰疽瘠環者也吾聞觀近臣以其所爲主觀遠臣以其所主若孔子主癰疽與侍人瘠環何以爲孔子近臣當爲遠方來賢者爲主遠臣自遠而至當主於在朝之臣賢者若孔子主於卑幸之臣是爲凡人耳何謂孔子得見稱爲聖人乎

疏萬章問曰至孔子○正義曰此章言君子大居正以禮進退屈伸達節不違貞信故孟子辯之正其大義者也萬章問曰至有諸乎萬章問孟子曰或有人謂孔子於衞國主癰疽之醫者於齊國主侍人姓瘠名環者誠有諸此乎否孟子曰否至何以爲孔子孟子荅之曰否否言不如是也但好事毀人德行者爲此言也夫孔子於衛主顏讎由讎由賢大夫也彌子瑕之妻與子路之妻

是兄弟也彌子瑕乃謂子路曰孔子如主於我則衛之卿孔子可得也子路以此言告孔子孔子遂曰我有命也以其得與不得皆命也孟子於此言夫孔子進以禮而有辭遜之心退以義而有羞惡之心其得用與不得用則曰有命如爲主於癰疽與侍人瘠環者是無義無命者也是孔子所不爲也然則孔子於衛主顏讎由者以其義也於衛不主彌子以其有命也以義則得其宜也以命則得與不得無所憂也然而孔子又嘗不悅於魯衛二國遂之宋國是時宋國司馬桓魋將要求孔子而殺之孔子乃變更微服而過宋當此時也孔子是遭其阨不得已遂至陳主司城貞子家爲陳侯周之臣孟子於此又曰我聞觀遠方之來臣者但觀其所爲主者如何則知其賢否也今孔子如主癰疽與侍人瘠環二人但卑佞之臣耳爲凡人也何得爲之孔子今以司城貞子之行不可得而詳由其謚而推之則司城貞子亦爲守正之臣者也非癰疽瘠環之比也然則孔子當阨不得已而主之者尚且如是況癰疽瘠環者孰謂孔子肯主之乎蓋司城者今以宋六卿考之則司城在司寇之上右師左師司馬司徒之下其位則六卿之中也古有司空之官無司城之名特宋有之者按左傳魯桓公六年宋以武公廢司空杜預曰武公名司空遂變爲司城也○注癰疽之醫瘠姓環名侍人也○正義曰

未詳其人但以經文推之亦誠然也○注顔讎由至靈公○正義曰案孔子世家史記云孔子自魯適衛主於子路妻兄顔濁鄒家是則顔讎由即濁鄒也爲衛大夫又案魯哀公二十五年左傳云彌子飲衛侯酒杜預云彌子瑕也是其有幸於衛靈公者也○注遭宋桓魋之故至陳侯周○正義曰案史記孔子自衛過曹及去曹適宋與弟子習禮大樹下宋司馬桓魋欲殺孔子拔其樹遂適鄭與弟子相失遂至陳主於司城貞子家歲餘吳王夫差伐陳取三邑而去由是推之則司城貞子爲陳國之卿非宋卿也亦恐史家謬悮云陳侯周懷公子也今案史記世家陳懷公之子名越者乃爲湣公又案湣公年表六年孔子來是則陳侯周即湣公是爲懷公之子湣公即位二十四年楚惠王復國以兵北伐殺湣公遂滅陳而有之是歲孔子卒於魯案孔子世家云孔子在陳三歲晉楚爭強更伐陳及吳侵陳孔子遂曰歸與歸與然則孔子湣公六年來至居三歲遂復適衛而歸魯是湣公八年去陳也由此推之則孔子主於司城是爲湣公之臣矣今孟子乃云爲陳侯周臣是陳侯周即湣也

萬章問曰或曰百里奚自鬻於秦養牲者五羊之皮食牛以要秦繆公信乎

人言百里奚自賣五羖羊皮爲人養牛以是而要秦繆之相實然不孟子曰否不然好事者爲之也好事毁敗人之德行者爲設此言也百里奚虞人也晉人以垂棘之璧與屈産之乘假道於虞以伐虢宮之奇諫垂棘美玉所出地名屈産地良馬所生乘四馬也皆晉國之所寶宮之奇虞之賢臣諫之不欲令虞公受璧馬而假晉道百里奚不諫知虞公之不可諫而去之秦年已七十矣曾不知以食牛干秦繆公之爲汙也可謂智乎不可諫而不諫可謂不智乎知虞公之將亡而先去之不可謂不智也時舉於秦知繆公之可與有行也而相之可謂不智乎相秦而顯其君於天下可傳於後世不賢而能之

乎百里奚知虞公之不可諫而去之秦年七十而不知食牛干人君之爲汙是爲不智也欲言其不智下有三智知食牛干秦爲不然也卒相秦顯其君不賢之人豈能如是言其實賢也自鬻以成其君鄉黨自好者不爲而謂賢者爲之乎人自鬻於汙辱而已傳相成立其君鄉黨邑里自喜好名者尚不肯爲也況賢人肯辱身而爲之乎

疏萬章問曰至賢者爲之乎○正義曰此章言君子時行則行時舍則舍故能顯君明道不爲苟合而爲正者也萬章問曰至信乎者萬章問孟子謂或有人曰百里奚自賣五羖羊之皮於秦爲人養牛以此而干秦繆公爲之相今信乃爲實然乎否乎孟子曰否至而謂賢者爲之乎孟子荅之以爲否不信然也百里奚虞國之大夫也晉獻公以垂棘之璧與屈產之乘假道於虞以伐虢國虞之大夫宮之奇諫之令虞公無受璧與馬以借與道也百里奚不諫之以其知虞公之不可諫而去之遂往秦時百里奚年已七十歲矣豈不知食養牛干秦繆公之爲有汙辱也苟如是不知以食牛爲汙辱可謂爲智者言不可謂之智者矣知虞公爲君不可得而諫故不諫可謂爲不智乎言如此可謂爲智者也又知虞公將亡其國而乃先去之而之秦不可謂之不

智也時得舉用於秦國百里奚知秦繆公可與有行其道也遂輔相之可謂不智乎言可謂之智者矣及輔相秦繆公而顯其君名揚於天下又可傳於後世不爲賢者而能如是乎言百里奚真賢者乃能如是顯其君於天下可傳於後世如自賣而汙辱其身乃爲成立其君雖鄉黨邑里自喜好名者尚亦不肯爲自鬻以汙身今乃謂百里奚爲真賢者而肯爲乎言百里奚不肯爲是也蓋宮之奇者按杜預春秋傳云虞之忠臣也○注五羖羊皮○正義曰說文云羖夏羊牡曰羖羊也○注垂棘至晉道○正義曰左傳魯僖公二年云晉荀息請以屈產之乘與垂棘之璧假道於虞以伐虢杜預曰荀息荀叔也屈產生良馬垂棘出美玉故以爲名四馬曰乘史記云百里奚者晉獻公既虜百里奚以爲秦繆公媵於秦百里奚亡秦走宛楚鄙人說之繆公聞百里奚賢欲重贖之恐楚人不與乃使人請以五羖羊之皮贖之楚人許之繆公乃釋其囚授之以國政號曰五羖大夫是其事矣又僖公五年云晉侯復假道於虞以伐虢宮之奇諫曰虢虞之表也虢亡虞必從之晉不可啓寇不可翫一之謂甚其可再乎爲二年假晉道滅下陽是也諺所謂輔車相依脣亡齒寒其虞虢之謂也宮之奇以其族行曰虞不臘矣在此行也冬十二月晉滅虢虢公醜奔京師師還館于虞遂襲虞滅之執虞公及其

大夫井伯以媵秦穆姬而脩虞祀且歸其職貢於王故書曰晉人執虞公罪虞且言易也此孟子所以據臣云焉

孟子注疏解經卷第九下

大清嘉慶二十年[illegible]
用文選樓藏本校

南昌縣知縣陳煦栞

孟子注疏卷九下挍勘記　阮元撰盧宣旬摘錄

萬章欲知示之之意　考文古本無一之字

允子丹朱　宋本無子字

泰誓曰　閩監毛三本同宋九經本咸淳衢州本泰作太廖本孔本韓本作太注同○按泰太皆俗古祇作大

章指言德合於天則天爵歸之行歸於仁則天　孔本韓本考文古本此下有下字　與之天命不常此之謂也

則天下與之者也　閩本同監毛本無者字

有之否乎　閩監毛三本孔本同廖本韓本考文古本無乎字

孟子曰否不然也　此經下岳本廖本孔本韓本考文古本足利本並有注否不也不如入所言八字注疏本並無之○按有者是也但因此可正今本經文之誤經文本作孟子曰否然也三字一句無不字故注之云否不也

不如人所言癰疽章注曰否不也不如是也割烹章注亦同而今本奪三字孟子之否然即今人之不然也他否字皆不注獨此注者恐人之誤斷其句於否字句絕則然也不可通矣不得其意而或增經或删注今乃了然

是其命而已矣故曰命也　閩監毛三本同廖本孔本韓本考文古本作是其命祿也

繼世而有天下　毛本而作以朱子集注本同

故不得以有天下　閩監毛三本同宋本孔本韓本無以字

章指言篤志　此二字考文古本作義字　於仁則四海宅心守正不足則聖位莫繼丹朱商均是也是以聖人孜孜於仁德也

言義於仁　閩監毛三本仁誤人按章指作篤志於仁此文義字亦當是篤之誤

然後無乃廢滅之矣　閩本同監毛本刪無字

蓋唐與賢　監毛本同案唐下應有虞字

孟子曰否不然　按不字衍文說見上

否不是也　按此當同前後章作否不也不如是也等三字

不一眄視也　毛本眄誤盼

囂囂然曰　音義出囂囂盡心上同

囂囂然自得之志　閩監毛三本孔本同廖本韓本考文古本無然字

欲就湯聘　岳本及各本並同宋本聘作幣

覺悟此未知之民　廖本韓本考文古本足利本同閩監毛三本誤脫覺字孔本誤脫此字

自任之重如此　閩監毛三本同廖本孔本韓本考文古本之作其

而有正天下者也　孔本也改乎案也邪古字通用改乎非

歸潔其身而已矣　閩監毛三本同石經廖本孔本韓本潔作絜

去焉能浼我也廖本孔本韓本考文古本去作云是也閩監毛三本作爾非

歸潔於身不汚己而已閩監毛三本同宋本潔於身作於身絜考文古本與宋本同絜作潔廖本孔本韓本作於絜身

章指言賢達之理世務也推正以濟時物守己直行不枉道而取容期於益治而已矣

雖千匹之多閩監毛三本匹作駟

莊公二十二年閩本同監毛本二十改三十是也

造皆始也閩監毛三本造下增載字

也在安邑之西閩監毛三本也改地是

有人以孔子孫然廖本孔本韓本考文古本孫作爲是也閩監毛三本孫然作主於非

孟子曰否不然也按不字衍文說見前

但好事毀人德行者爲之辭爾閩監毛三本同廖本孔本韓本考文古本足利本無但字爾作也

退以義宋本以作應

是爲無義無命者也閩監毛三本同廖本孔本韓本無者字

遭宋桓司馬石經桓作桓

主司城貞子石經貞諱正

瘠環者也閩監毛三本同廖本孔本韓本考文古本無者字

得見稱爲聖人乎閩監毛三本同廖本孔本韓本考文古本無乎字

章指言君子大居正以禮進退屈伸達考文古本作違節不違貞

性孔本韓本考文引古本作信故孟足利本作孔子辯之正其大義也

以是而要秦繆之相實然不閩監毛三本同廖本考文古本秦繆作繆公孔本韓本繆下有公字不作否非

孟子曰否不然按不字衍文

爲設此言也閩監毛三本同廖本孔本韓本作爲之設此言考文古本無也字

諫之考文古本無之字

而假晉道閩監毛三本同廖本孔本韓本考文古本無而字

而已傳相傳傳之誤宋本孔本韓本考文古本正作傅是也閩監毛三本作輔孔本韓本考文古本已作以

章指言君子時行則行時舍則舍故能顯君明道不爲苟

合而違正也

此孟子所以據且云焉 閩監毛三本且改而

孟子注疏卷九下挍勘記

奉新趙儀吉挍

孟子注疏解經卷第十上

萬章章句下　凡九章　趙氏注　孫奭疏

〔疏〕正義曰此卷即趙注分上卷爲下卷也此卷中凡九章一章言聖人由力力有常也賢者由巧巧可增也仲尼天高不可階它人丘陵猶可踰二章言聖人制祿上下差敘三章言匹夫友賢下之以德三公友賢授之以爵四章言聖人憂民樂行其道不合則去亦不淹久五章言國有道則能者處卿相國無道則聖人居乘田六章言知賢之道舉之爲上養之爲次不舉不養賢惡肯歸七章言君子之志志於行道不得其禮亦不苟往八章言好高慕遠君子之道九章言國須賢臣必擇忠良親近貴戚或遭禍殃凡此九章合上卷九章是萬章有十八章矣

孟子曰伯夷目不視惡色耳不聽惡聲非其君不事非其民不使治則進亂則退橫政之所出橫民之所止不忍居也思與鄉人處如以朝衣

朝冠坐於塗炭也當紂之時居北海之濵以待天下之清也故聞伯夷之風者頑夫廉懦夫有立志孟子反覆差伯夷伊尹柳下惠之德以爲足以配於聖人故數章陳之猶詩人有所誦述至於數四蓋其留意者也義見上篇矣此復言不視惡色謂行不正而有美色者若夏姬之比也耳不聽惡聲謂鄭聲也後世聞其風者頑貪之夫更思廉潔懦弱之人更思有立義之志也伊尹曰何事非君何使非民治亦進亂亦進曰天之生斯民也使先知覺後知使先覺覺後覺予天民之先覺者也予將以此道覺此民也思天下之民匹夫匹婦有不與被堯舜之澤者如已推而內之溝中其自任以天下之重也說與上同柳下惠不羞汙君不辭小

官進不隱賢必以其道遺佚而不怨阨窮而不憫與鄉人處由由然不忍去也爾爲爾我爲我雖袒裼裸裎於我側爾焉能浼我哉故聞柳下惠之風者鄙夫寬薄夫敦（鄙狹者更寬優，薄淺者更深厚。）孔子之去齊接淅而行去魯曰遲遲吾行也去父母國之道也可以速而速可以久而久可以處而處可以仕而仕孔子也（淅漬米也不及炊避惡亟也，魯父母之國遲遲不忍去也。是其道也孔子聖人故能量時宜動中權也。）孟子曰伯夷聖之清者也伊尹聖之任者也柳下惠聖之和者也孔子聖之時者也孔子之謂集大成集大成也者金聲而玉振之也金聲也者始。條理也玉振之也者終條理也伯夷清伊尹任柳下惠和皆得聖人之道也孔子時行則行時止則止孔子集先聖之大道以成已之聖德者也故能金聲而玉振之振揚也故如金音之有殺振揚玉音終始如一也始條理者金從革可始之使條理終條理者玉終其聲而不細也合三德而不撓也。始條理者智之事也終條理者聖之事也智者智理物聖人終始同智譬則巧也聖譬則力也由射於百步之外也其至爾力也其中非爾力也。智譬猶人之有技巧也可學而益之以聖譬猶力之有多少自有極限不可強增聖人受天性可庶幾而不可及也夫射遠而至爾努力也其中的者爾之巧也思改其手用巧意乃能中也

疏孟子曰伯夷至非爾力也○正義曰此章言聖人由力力有常也賢者由巧巧可增也仲尼天高不可階他人丘陵猶可踰所謂小同而大異者也孟子曰伯夷目不視惡色耳不聽惡聲至薄夫敦已說上篇詳矣此言不視惡色不聽惡聲者言伯夷清潔其身不

欲以亂色留於明姦聲留於聰也於是使聞伯夷之清風者
頑貪之夫莫不變而爲廉潔之人懦弱之夫莫不變而爲能
有立其剛志也聞下惠之和風者莫不變鄙狹而爲寬博變
淺薄而爲敦厚也孔子之去齊至孔子也言孔子之去齊急
速但漬米不及炊而即行以其避惡故如是也去魯國則曰
遲遲而不忍行去此爲去父母國之道也所謂父母國者孔
子所生於魯國故爲父母之國也大抵孔子量時適變其去
國可以速則速故於齊不待炊而行也可以久而未去則久
之故於魯國所以遲遲吾行也可以處此國則處之故未嘗
有三年之淹可以仕於其君則仕之故有行可際可公養之
仕也凡如此者故曰孔子如是也孟子曰至非爾力也孟子
又曰伯夷之行爲聖人之清者也是其不以物汚其已而成
其行於清也伊尹之行爲聖人之任者也是其樂於自爲而
以天下之重自任也柳下惠之行爲聖人之和者也是其不
以已異於物而無有所擇也雖孔子者獨爲聖人之時者也
是其所行之行惟時適變可以清則清可以任則任可以和
則和不特倚於一偏也故謂之孔子爲集其大成得純全之
行者也蓋集大成即集伯夷伊尹下惠三聖之道是爲大成
耳如所謂危邦不入亂邦不居是孔子之清而不至伯夷一
於清也佛肸召而欲往是孔子之任而不至伊尹一於任也

南子見所不見陽貨敬所不敬是孔子之和而不至下惠一於和也然則伯夷伊尹下惠是皆止於一偏未得其大全也而孟子亦皆取之爲聖者蓋伯夷伊尹下惠各承其時之有弊不得不如是而救也以孔子觀之又能集此三聖而爲大成者也方伯夷之時天下多進寡退而伯夷所以如是潔已不殉方伊尹之時天下多退而寡進而伊尹所以如是而以天下爲已任方下惠之時天下多潔已而異俗而下惠所以如是俯身而同衆故伯夷承伊尹之弊而救之清下惠承伯夷之弊而救之和孔子又承而集之遂爲大成者誰謂伯夷伊尹下惠救時弊如此可不謂爲聖者耶雖然孟子取爲三聖其言又不無意於其間也言伯夷但聖之清者也以其取清而言之矣伊尹但聖之任者也以其取任而言之矣下惠但聖之和者也以其取和而言之矣孔子之聖則以時也其時爲言以謂時然則然無可無不可故謂之集其大成又非止於一偏而已故孟子於下又取金聲玉振而喻之也言集大成者如金聲而玉振之者也金聲者是其始條理也言金聲始則隆而終則殺者也如伯夷能清而不能任伊尹能任而不能和下惠能和而不能清者也玉振之者是其終條理也言玉振則終始如一而無隆殺者也如孔子能清能任能和者也所以合金聲而玉振之而言也以其孔子其始如金

聲之隆而能清能任能和其終且如玉振無隆殺又能清而且任任而且和和而且清有始有終如一者也然則孟子於此且合金聲玉振之條理而喻歸于孔子是其宜也然而始條理者是爲智者之事也終條理者是爲聖人之事也以智者而譬之則若人之有巧也以聖人而譬之則若人之有力也如射於百步之外爲遠其射至於百步之外是人之力也其所以中的者非人之力也以其人之巧耳此譬伯夷伊尹下惠但如射於百步之外能至而不能中孔子於射能至又能中者也蓋能至亦射之善者矣而能至能中者又備其善者也能清能任能和是聖人之善者也能時又備其聖人之善者也此一段則孟子摠意而解其始終條理也而始終條理又解金聲玉振者也金聲玉振又喻孔子集三聖之大成者耳蓋條理者條則有數而不紊理則有分而不可易也○注夏姬鄭聲○正義曰云夏姬者按史記云夏姬夏徵舒之母陳大夫御叔之妻三爲王后二爲夫人納之者無不迷惑陳靈公與大夫孔寧儀共通於夏姬廢失朝政徵舒遂殺靈公及申公蓋將夏姬來奔於晉晉人殺巫臣又娶夏姬凡此是也云鄭聲者已說於公孫丑篇○注伯夷清伊尹任柳下惠和孔子時行則行時止則止者○正義曰已說於上篇

北宮錡問曰周室班爵

祿也如之何北宮錡衛人班列也問周家班列爵祿等差謂何孟子曰其詳不可得聞也諸侯惡其害己也而皆去其籍然而軻也嘗聞其略也詳悉也不可得備知也諸侯欲恣行憯惡其法度妨害己之所爲故滅去典籍今周禮司祿之官無其職是則諸侯皆去之故使不復存也軻孟子名也略麤也言嘗聞其大綱如此矣今考之禮記王制則合矣天子一位公一位侯一位伯一位子男同一位凡五等也公謂上公九命及二王後也自天子以下列尊卑之位凡五等君一位卿一位大夫一位上士一位中士一位下士一位凡六等諸侯法天子臣名亦有此六等從君下至於士天子之制地方千里公侯皆方百里伯七十里子男五十里凡四等不能五十里不達於天子附於諸侯曰附庸凡此

四等制地之等差也天子封畿千里諸侯方百里象雷震也小者不能特達於天子因大國以名通曰附庸也天子之卿受地視侯大夫受地視伯元士受地視子男視比也天子之卿大夫士所受采地之制大國地方百里君十卿祿卿祿四大夫大夫倍上士上士倍中士中士倍下士下士與庶人在官者同祿祿足以代其耕也公侯之國爲大國卿祿居於君祿十分之一也大夫祿居於卿祿四分之一也上士之祿居大夫祿二分之一也中士下士轉相倍庶人在官者未命爲士者也其祿比上農夫士不得耕以祿代耕也次國地方七十里君十卿祿卿祿三大夫大夫倍上士上士倍中士中士倍下士下士與庶人在官者同祿祿足以代其耕也伯爲次國大夫祿居卿祿三分之一也小國地

方五十里，君十卿祿，卿祿二大夫，大夫倍上士，上士倍中士，中士倍下士，下士與庶人在官者同祿，祿足以代其耕也。子男爲小國，大夫祿居卿祿二分之一也。耕者之所獲，一夫百畝，百畝之糞，上農夫食九人，上次食八人，中食七人，中次食六人，下食五人。庶人在官者，其祿以是爲差。獲，得也。一夫一婦佃田百畝，百畝之田加之以糞，是爲上農夫，其所得穀足以食九口。庶人在官者食祿之等差，由農夫有上中下之次，亦有此五等，若今之斗食佐史除吏也。

疏 「北宮」至「爲差」。○正義曰：此章言聖人制祿上下等差，貴有常尊，賤有等威，諸侯僭越，滅籍從私，孟子略託言其大綱，以荅北宮錡之問也。「北宮錡問曰周室班爵祿也如之何」者，北宮錡問孟子以謂周家班列其爵祿高下等差如之何也。「孟子曰其詳不可得而聞也」至「嘗聞其略也」者，孟子荅之，謂其詳悉則不可得而聞，諸侯放恣，憎惡其法度有妨於已之所爲盡滅去其典籍故今不復有然而軻也但嘗聞得其大綱也天子一位公一位侯一位伯一位子男同一位凡五等至上次食八人中食七人中次食六人下食五人庶人在官者其祿以是爲差者此皆孟子言周室班爵祿之大綱也云天子一位至凡五等也者蓋父天母地而爲之子者天子也爵位盛大以無私爲德者公也斥候於外以君人爲德者侯也體仁足以長人者伯也子字也字養也而其德足以養人者故曰子也男任也任安也而其德足以安人者故曰男也自天子至於子男皆有君道故尊卑之位凡有五等然公侯伯子男皆臣乎天子而爵位之列自天子始所以與天子同其班君一位卿一位至凡六等者蓋出命足以正衆者君也知進退而其道上達者卿也智足以帥人者大夫也才足以事人者士也自君以下至於士皆有臣道焉故尊卑之位凡六等然卿大夫士皆臣乎國君而爵位之列自國君所以與國君同其班凡此者是皆孟子所謂班君臣之爵也天子之制地方千里至附庸者此孟子言士地之等差也故天子尊於公侯故制地方廣千里蓋不方千里則無以待天下之諸侯故也公侯卑於天子故地廣百里蓋不廣百里則無以守宗廟之典籍故也伯又卑於公侯子男又卑於伯故其地之廣狹亦莫不有七十里五十里之差凡是四

等如其德不足以合瑞於天子而其地又不足以敵廣於公侯其勢又難以特達於天子者故因大國以名通則謂之附庸天子之卿受地視侯大夫受地視伯元士受地視子男者此言天子之卿大夫之上所受采地之制也周禮上公九命侯伯七命子男五命王之三公八命其卿六命其大夫四命鄭玄云王之上士三命則元士者即上士也蓋以六命之卿其所受之地則視七命之諸侯以四命之大夫則所受之地視七命之伯以二命之元士其所受之地則視五命之子男而故也大國之地方百里君十卿祿至祿足以代其耕也者蓋公侯之國是爲大國者也大國之地方百里而國君之祿則十倍於卿而是卿之祿是爲居於君祿十分之一也卿所居之祿倍於大夫而大夫之祿是爲居卿祿四分之一也大夫又四倍於大夫而大夫之祿是爲居卿祿四分之一也大夫所受之地則一倍於上士而上士之祿是爲居大夫二分之一也中士下士亦皆轉爲相倍而下士與庶人在官者同祿者蓋庶人在官者是未命爲士者也謂府史之屬官長所除不命於天子國君者也其祿比於上農夫然而不耕之者蓋以士勞力於事人不爲無庸也而祿且足以代其耕矣次國地方七十里君十卿祿至祿足以代其耕也者蓋伯之國是爲次國者也君卿大夫士之祿亦同大國之君卿大夫士之祿相爲倍差其下士與庶人在官者亦以祿足以代其耕矣

小國地方五十里君十卿祿王祿足以代其耕也者蓋子男者是爲小國者也君卿大夫士之祿亦相爲倍差與上同其祿足以代其耕亦然耕者之所獲一夫百畝百畝之糞上農夫食九人上次食八人中食七人中次食六人下食五人庶人在官者其祿以是爲差者蓋耕者所得一夫一婦佃田百畝而百畝之田加之以糞是爲上農夫其所得之穀足以食養其九口上次則食八人中食七人中次則食六人下食五人其庶人在官者食祿之等差亦如農夫有上中下之次有此五等矣若今之斗食佐史屬吏是也王制云王者之制祿爵公侯伯子男凡五等諸侯之上大夫卿下大夫上士中士下士凡五等其不及天子又無六等殆與孟子不合者蓋以孟子所言則周制而王制所言則夏商之制也王制云公侯田方百里伯七十里子男五十里不能五十里者不合於天子附於諸侯曰附庸而孟子不言田而言地者蓋祿以田爲主王制主於分田以制祿孟子主於制地以分國而國以地爲主此所以有田地之異也王制云天子之三公田視公侯天子之卿視伯天子之大夫視子男天子之元士視附庸而孟子則言天子之卿受地視伯元士受地視子男其視不同者亦以周制與夏商之制不同也孟子所以不言天子之公受地視侯而特言其卿者蓋卿與公同其所受是所謂舉卑

以見尊之意也此又孟子所云班臣之祿也○注詳悉也至則其合也○正義曰云諸侯欲恣行憎惡其法度妨害己之所爲故滅去典籍今周禮司祿之官無其職是則諸侯皆去之故使不復有也者蓋自列國之後先王之法浸壞上無道揆下無法守而諸侯類皆以強吞弱以大并小而齊魯之始封儉於百里至孟子時齊方百里者十魯方百里者五此諸侯所以惡其籍害己而去司祿之職也是時周室班爵祿之道孟子所以不得聞其詳特以大略而荅北宮錡之問也云今考王制則合也者蓋自王制推之亦有不合者矣已說於前歟○注公謂上公九命及二王後也至凡五等○正義曰周禮典命職云上公九命爲伯鄭氏云上公謂王之三公有德者加命爲二伯二王之後亦爲上公是也○注凡此四等土地之等差也至曰附庸○正義曰云天子封畿千里諸侯方百里象雷震也者按周官建王國制其畿方千里諸侯方百里象雷震者按周易云震驚百里驚遠而懼邇是也王制云天子之田方千里公侯田方百里伯七十里子男五十里不能五十里者不合於天子附於諸侯曰附庸鄭氏云象日月之大亦取略同也天子方千里所謂縣內以祿公卿大夫元士自公侯百里至子男五十里鄭氏注云星辰之大小也附庸者小城曰附庸附庸者以國事附於大國未能以其名

通也○注視比也至制也○正義曰王制云天子之三公之田視公侯天子之卿視伯天子之大夫視子男天子之元士視附庸鄭注云視猶比也元善也善士謂命士也此殷所因夏爵三等之制也殷有鬼侯梅伯春秋變周之文從殷之質合伯子男以爲一則殷爵三等者公侯伯也異畿內謂之子周武王初定天下更立五等之爵增以子男而猶因殷之地以九州之界尙狹也周公攝政致太平斥大九州之界制禮成武王之意封王者之後爲公及有功之諸侯大者地方五百里其次侯四百里其次伯三百里其次子二百里其次男百里所因殷之諸侯亦以功黜陟之其不合者皆益之地爲百里焉是有周世有爵尊而國小爵卑而國大者唯天子畿內不用以祿羣臣不主爲治民也周禮大司職云以土圭之法求地中以建王國制其畿方千里諸公之地封疆方五百里其食者半諸侯之地封疆方四百里其食者參之一諸伯之地封疆方三百里其食者參之一諸子之地封疆方二百里其食者四之一諸男之地封疆方百里其食者四之一是又鄭注本此而言也云天子之卿大夫士所受采地之制者按周禮云凡造都鄙制其地域而封溝之以其室數制之不易之地家百畝一易之地家二百畝再易之地家三百畝又注云都鄙者王子弟公卿大夫采地其界曰都鄙所居也王

制曰天子之縣內方百里之國七七十里之國二十有一五十里之國六十有三此蓋變時采地之數周未聞矣是宜孟子但言其大大綱而其詳所以未之聞也○注公侯之國爲大國至代耕也又自伯爲次國至三分之一也又子男爲小國至二分之一也○正義曰王制云凡四海之內九州州方千里建百里之國三十七十里之國六十五十里之國百有二十凡二百一十國名山大澤不以封其餘以爲附庸閒田八州州二百一十國鄭氏云立大國三十十三公也立次國六十十六卿也立小國百三十十二少卿也名山大澤不以封與民同財不得障管亦賦稅矣此大界方三千里三三而九方千里者九也其一爲縣內餘八各立一州此殷制也周公制禮九州大界方七千里七七四十九方千里者四十九也其一爲畿內餘四十八八州各有方千里者六設法一州封地方五百里者不過四謂之大國又封方四百里者不過六又封方三百里者不過十一謂之次國又封方二百里者不過二十五及餘方百里者謂之小國盈上四等之數并四十六一州二百一十國則餘方百里者百六十四也凡處地方千里者五方百里者五十九其餘方百里者四十一附庸地也又云大國三卿皆命於天子下大夫五人上士二十七人次國三卿二卿命於天子一卿命於其君下大夫五人上士

二十七人小國二卿皆命於其君下大夫五人上士二十七人然而先王之制列爵惟五分土惟三此所以有公侯伯子男而又有大國次國小國之殊制爾故三十里之遂二十里之郊九里之城三里之宮是大國之制如此也自二十里之遂九里之郊三里之城一里之宮是次國之制如此也自九里之遂三里之郊一里之城以城爲宮是小國之制如此也大抵上綦於大國下綦於小國其地雖廣狹不同其祿雖多寡有異及君之所受均十卿之祿而已自卿以下至於士其祿各相殺以一此卿祿居於君祿十分之一大夫居於卿祿四分之一上士居大夫祿二分之一次國大夫居卿祿三分之一小國大夫居卿祿二分之一也其間王制周官與孟子雖有不合者亦於前言其大槩也○注獲得也一夫一婦佃田百畝至若今之斗食佐史除吏也○正義曰古者制民之産以六尺爲步步百爲畝畝百爲夫此耕者之所得所以一夫受田百畝也王制云農夫百畝百畝之分上農夫食九人其次食八人其次食七人其次食六人下農夫食五人鄭氏以謂農夫皆受田於公田肥瘠有五等收入不同其說是矣然孟子言上農夫食九人上次食八人中食七人中次食六人下食五人凡三等又與此異蓋以周禮以一易再易不易之地言之所以有三等孟子王制論所入食人之衆寡此所

以有五等也周禮上地家七人而孟子言上地上農夫食九人上次食八人者蓋上農夫足以食九人而其家七人者亦得以受之此民所以有餘財自七人以下則不得以受上地矣先王之制祿諸侯之下士視上農夫祿足以代其耕則庶人在官者與下士同祿其多寡之數一視五等農夫爲差而班祿亦不外此

萬章問曰敢問友問朋友之道也孟子曰不挾長不挾貴不挾兄弟而友友也者友其德也不可以有挾也長年長貴貴勢兄弟兄弟有富貴者不挾是乃爲友謂相友以德也孟獻子百乘之家也有友五人焉樂正裘牧仲其三人則予忘之矣獻子之與此五人者友也無獻子之家者也此五人者亦有獻子之家則不與之友矣獻子魯卿孟氏也有百乘之賦樂正裘牧仲其五人者皆賢人無位者也此五人者自有獻子之家富貴而復有德不肯與獻子友也獻子以其富貴下此五人五

人屈禮而就之也非惟百乘之家爲然也雖小國之君亦有之費惠公曰吾於子思則師之矣吾於顔般則友之矣王順長息則事我者也小國之君若費惠公者也王順長息德不能見師友故曰事我者也非惟小國之君爲然也雖大國之君亦有之晉平公於亥唐也入云則入坐云則坐食云則食雖蔬食菜羹未嘗不飽蓋不敢不飽也然終於此而已矣大國之君如晉平公者也亥唐晉賢人也隱居陋巷晉平公嘗往造之亥唐言入乃入言坐乃坐言食乃食也蔬食糲食也不敢不飽敬賢也終於此乎公但以此禮下之而已弗與共天位也弗與治天職也弗與食天祿也士之尊賢者也非王公之尊賢也位職祿皆天之所以授賢者而

平公不與亥唐共之而但卑身下之是乃匹夫尊賢者之禮耳王公尊賢當與其天職矣

舜尚見帝帝館甥于貳室亦饗舜迭爲賓主是天子而友匹夫也

尚上也舜在畎畝之時堯友禮之舜上見堯堯舍之於貳室貳室副宮也堯亦就享舜之所設更迭爲賓主禮謂妻父曰外舅謂我舅者吾謂之甥堯以女妻舜故謂舜甥卒與之天位是天子而友匹夫也

用下敬上謂之貴貴用上敬下謂之尊賢貴貴尊賢其義一也

下敬上臣恭於君也上敬下君禮於臣也皆禮所尚故云其義一也

（疏）萬章問曰至其義一也○正義曰此章言匹夫友賢下之以德王公友賢授之以爵大聖之行千載爲法者也萬章問曰敢問友者是萬章問孟子爲朋友之道如何也孟子曰至挾也孟子荅之以謂不挾戴年長又不挾戴其貴勢抑又不挾戴其兄弟有富貴者而友朋友也是友其德也以其不可以有挾戴其勢而友之也孟獻子百乘之家也至其義一也孟子又言孟獻子魯卿是有兵車百乘之家者也有友五人焉其二人曰樂正裘牧仲其三人則我忘其姓名矣夫獻子之與此五人者是

友也以此五人無獻子之家富貴也此五人如亦有獻子之家富貴則不與獻子爲之友矣無他以其爾貴不能以相下故也獻子與之爲友則以貴下賤故也所謂好人之善而忘已之勢者也今五人與獻子爲友者亦所謂樂已之道而忘人之勢者也非惟百乘之家爲然也雖爲小國之君亦有如是也費惠公乃小國之君也嘗云我於子思則師事之矣我於顏般則友之矣王順長息則不足爲之師友但事我者也非惟小國之君爲如是也雖大國之君亦有如是矣晉平公者乃大國之君也嘗往於亥唐之家亥唐言入則入其門言坐則坐言食則食雖蔬食菜羹之薄亦未嘗不飽也蓋爲不敢不飽也然終於此以禮下之而已矣而平公弗能與之共天位也又弗能與之治天職也抑又不與食其天祿也且職位祿皆云天者蓋此三者皆天之所以授於人也故云國君之位必曰天位云職必曰天職云祿則曰天祿耳言平公以身禮下之是士者之尊賢矣非所謂王公大人尊賢者也以其王公大人尊賢則當與共天位也不當以身禮下之也夫舜於往日上見於堯帝堯乃館舍之於副宮堯亦就副宮而饗舜所設更爲之賓主然卒禪其天位此天子之友其匹夫也云匹夫者蓋舜本則耕於歷山但側微之賤者也故云匹夫云甥者蓋堯爲舜之外舅堯所以謂舜爲甥也且用下敬

上如舜之上見於堯故欽堯爲友是謂貴其貴用上敬下如堯館于貳室故欽舜而與之爲友是謂尊其賢貴貴尊賢禮皆所尙故曰其義則一而無二也蓋獻子有五人者左傳趙簡子云魯孟獻子有鬬臣五人豈謂此五人者乎然亦名字則未之詳○注妻父曰外舅○正義曰此蓋案禮記而云也

孟子注疏解經卷第十上

長白盧氏宣旬校字

大清嘉慶二十年用文選樓藏本校定

南昌縣知縣陳煦栞

孟子注疏卷十上挍勘記　阮元撰盧宣旬摘錄

橫民之所止　音義云橫或作總

差伯夷伊尹柳下惠之德　閩監毛三本孔本韓本同宋本考文古本差作嗟山井鼎云非

至於數四　考文古本四作回非也

蓋其留意者也　浦鏜云留監本誤酉

而有美色者　監本而誤雨

頑貪之夫　監本貪誤食

懦弱之人　監本懦誤儒

遲遲吾行也　石經遲作遟

始條理也　音義云本亦作治條理下同

集先聖之大道 宋本道誤首

故如金者之有殺 宋本孔本韓本考文古本者作聲閩監毛三本作音

終始如一也 閩監毛三本孔本韓本同廖本終始作始終

智者智理物 考文古本同山井鼎云恐非閩監毛三本孔本韓本下智作知

聖人終始同 宋本同作何

智譬猶人之有技巧也 閩監毛三本同廖本孔本韓本考文古本上有以字猶作由下猶同

章指言聖人由力力有常也賢者由巧巧可增也仲尼天高故不可階他人丘陵丘陵由可踰所謂小同而大異者也

聞下惠之和風者 閩本同監毛本下上增柳字下並同惟柳下惠之行柳字非監毛增

孟子名也　閩監毛三本同廖本孔本韓本考文古本無也字

麄也　廖本麄作麤○案麤麄正俗字

言嘗聞其大綱如此矣　閩監毛三本同岳本孔本韓本無矣字

下至於士　閩監毛三本同○廖本孔本韓本考文古本下有也字

公侯皆方百里　考文古本皆下有地字

所受采地之制　閩監毛三本同廖本孔本韓本考文古本下有也字

士不得耕　宋本士作上非

章指言聖人制祿上下差敘貴有常尊賤有等威諸侯僭越滅籍從私孟子略記言其大綱以荅北宮子之問

晉平公於亥唐也　廖本閩本同監毛二本孔本韓本於上有之字石經此經漫漶

如晉平公者也岳本及諸本同宋本無也字

隱居陋巷晉平公嘗往造之閩監毛三本同宋本嘗作當廖本晉作者孔本韓本考文古本同廖本嘗作常是

非王公尊賢也石經廖本閩本同監毛本孔本韓本尊上有之字

皆天之所以授賢者岳本閩本孔本韓本考文古本足利本同監毛本誤脫所字

迭爲賓主音義出迭爲張云或作佚誤按佚字不誤古乃通用

堯亦就享舜之所設閩監毛三本同廖本孔本韓本享作饗

是天子而友匹夫也閩監毛三本同廖本孔本韓本考文古本而作之

用下敬上石經敬諱欽下同

章指言匹夫友賢下之以德王公友賢授之以爵大聖之

行千載爲法者也

孟子注疏卷十上挍勘記　奉新趙儀吉挍

孟子注疏解經卷第十下

萬章章句下　　趙氏注　　孫奭疏

萬章曰：敢問交際何心也？際接也。問交接道當執何心爲可也。孟子曰：恭也。當執恭敬爲心。曰：卻之卻之爲不恭，何哉？萬章問卻不受尊者禮謂之不恭，何然也。曰：尊者賜之，曰"其所取之者義乎，不義乎"，而後受之，以是爲不恭，故弗卻也。孟子曰：今尊者賜己，己問其所取此物寧以義乎，得無不義，乃後受之，以是爲不恭，故不當問尊者不義而卻之也。曰：請無以辭卻之，以心卻之，曰"其取諸民之不義也"，而以他辭無受，不可乎？萬章曰：請無正以不義之辭卻也，心知其不義，以他辭讓無受之，不可邪？曰：其交也以道，其接也以禮，斯孔子受之矣孟子言其來交求已以道理其接待已有禮者若斯孔子受之矣蓋言其可受之也萬章曰今有禦人於國門之外者其交也以道其餽也以禮斯可受禦與禦人以兵禦人而奪之貨如是而以禮道來交接已斯可受乎曰不可康誥曰殺越人于貨閔不畏死凡民罔不譈是不待教而誅者也殷受夏周受殷所不辭也於今爲烈如之何其受之孟子曰不可受也康誥尚書篇名周公戒成王康叔封越于皆於也殺於人取於貨閔然不知畏死者譈殺也凡民無不得殺之者也若此之惡不待君之教命遭人得討之三代相傳以此法不須辭問也於今爲烈烈明法如之何受其餽也曰今之諸侯取之於民也猶禦也苟善其禮際矣斯君子受之敢問何說也萬章曰今之諸侯賦稅於民不由其道履敢強求猶禦人也欲善其禮以接君子君子欲受之

何說也君子謂孟子也曰子以爲有王者作將比今之諸侯而誅之乎其教之不改而後誅之乎夫謂非其有而取之者盜也充類至義之盡也孔子之仕於魯也魯人獵較孔子亦獵較獵較猶可而況受其賜乎孟子謂萬章曰子以爲後如有聖人興作將比地盡誅今之諸侯乎將教之其不改者乃誅之乎言必教之誅其不改者也殷之衰亦猶周之末武王不盡誅殷之諸侯滅國五十而已知後王者亦不盡誅也謂非其有而竊取之者爲盜充滿至甚也滿其類大過至者但義盡耳未爲盜也諸侯本當稅民之類者今大盡耳亦不可比於禦孔子隨魯人之獵較獵較者田獵相較奪禽獸得之以祭時俗所尚以爲吉祥孔子不違而從之所以小同於世也獵較尚猶可爲況受其賜而不可也

曰然則孔子之仕也非事道與萬章問孔子之仕非欲事行其道與

曰事道也孟子曰孔子所仕者欲事行其道

事道奚獵

較也萬章曰孔子欲事道如何可獵較也曰孔子先簿正祭器不以四方之食供簿正孟子曰孔子仕於衰世不可卒暴改戾故以漸正之先爲簿書以正其宗廟祭祀之器即其舊禮取備於國中不以四方珍食供其所簿正之器度珍食難常有乏絶則爲不敬故獵較以祭也曰奚不去也萬章曰孔子不得行道何爲不去也曰爲之兆也兆足以行矣而不行而後去是以未嘗有所終三年淹也兆始也孔子每仕常爲之正本造始欲以次治之而不見用占其事始而退足以行之矣而君不行也然後則孔子去矣終者竟也孔子未嘗得竟事一國也三年淹留而不去者也孔子有見行可之仕有際可之仕有公養之仕於季桓子見行可之仕也於衞靈公際可之仕也於衞孝公公養之仕也行可冀可行道也魯卿季桓子秉國之政孔子仕之冀可得因之行道也際接也衞靈公

接遇孔子以禮故見之也衛孝公以國君養賢者之禮養孔子孔子故留宿以荅之也

疏

萬章問曰至公養之仕也○正義曰此章言聖人憂民樂行其道苟善辭命不忍逆距不合則去亦不淹久蓋仲尼行止之節者也萬章問曰敢問交際何心也萬章問孟子凡交接之際當執何心而交接也孟子曰恭也孟子荅之曰但當執恭敬之心也曰郤之郤之爲不恭何哉萬章又問孟子言郤去之郤去之而不受是爲不恭敬然也何哉者是何然也曰尊者賜之曰其所取之者義乎至故弗郤也孟子又荅之言尊長賜已已乃問之曰其所取此物寧以義取之乎不以義取之乎乃方受之以此是爲不恭敬也但當受之不當問尊長所取不義則郤去之也謂宜受之故不可郤去也曰請無以辭郤之至不可乎萬章又問曰如尊長賜已之物其所取之不義但請無以直言不義之辭郤之但以已心郤去而不受爲取民之不義也然後飾以他辭而不受不可乎故以此問孟子曰其交也以道其接也以禮斯孔子受之矣孟子又荅之曰其以物來交已以道理其接待於已亦以禮度此孔子受之矣言其如此交接則可受之也萬章曰今有禦人於國門之外至斯可以受禦與萬章又問曰假使今有人以兵禦人於國門之外者而奪得其貨物其來交已也以道理交之其餽賜已也亦以

禮度如此誠可以受禦奪之物與曰不可至如之何其受之孟子又荅之以爲不可受也曰尚書康誥之篇有云殺於人而取于貨暋然強暴爲不畏死者雖凡之衆民無有不憝惡之也如此者是可不待教而後誅殺之者也言即殺之更不必待其教命之後也如若殷受夏之天下周受殷之天下所不辭也無他以其夏桀殷紂無道義當伐之而受其天下也於今乃竊比聖王之迹而遂以殺人而受物於人爲之暴烈如之何可受之言不可受此之餽也曰今之諸侯至敢問何也萬章又曰今之諸侯賦稅於民不以其道亦如禦人而奪貨者也苟善其禮以交接之斯君子且受之敢問何謂也曰子以爲有王者作至而況受其賜乎孟子又謂萬章曰子今以爲後如有王者興作將比今之諸侯無道而盡誅之乎其待教之其不改者乃誅之乎言必待教之不改者也夫所謂非其所有而取之者是爲盜也如充取民賦稅之類至大過者但義之盡耳亦未爲盜者也故曰夫所謂非其有而取之者是爲盜也充類至義之盡也然孟子必以此言者其意蓋謂今之諸侯雖取於民不以義然而受教之猶庶幾能省刑罰薄稅斂爲善政也此固在所教而不誅今萬章乃曰今之諸侯猶禦也殊不知與禦人之元惡不待教而誅者異矣然則萬章之所問乃云此者是其繆也宜孟子荅之此耳孔子

之仕於魯國魯國之人田獵較奪禽獸孔子亦田獵較奪其
禽獸然而獵較而孔子猶尚可爲而況受其賜而乃爲不可
也言此者但有道理以交接則可受而不可辭卻也曰然則
孔子之仕也非事道與萬章又問孟子言如此則是孔子之仕
爲仕也非欲事其道與曰事道也孟子荅之以爲孔子之仕
是欲行其道也事道奚獵較也萬章又問曰孔子既以欲行
其道何以田獵較奪禽獸也曰孔子先簿正祭器不以四方
之食供簿正孟子又荅之曰孔子所以獵較者以其孔子仕
於衰世不可以卒暴更變故先且即簿書而正宗廟之祭器
既欲正其祭器又不以四方之珍食供簿正祭器所以獵較
而供簿正耳然而孔子必以獵較禽獸而供簿正祭器且不
以四方之珍食者但爲四方珍食難常有之恐後人無珍食
以供之故又絕其祭之禮所以如此也曰奚不去也萬章又
問曰言孔子既仕於衰世不可卒暴更變以行其道何爲而
不去而莫仕也曰爲之兆也至淹也者孟子又荅之曰孔子
所以不去而且獵較者以其假爲行道之始也兆始也然假
獵較爲兆既足以行之矣而君乃不行之者孔子然後去之
也如此是以孔子歷聘未嘗有於一國得終三年淹留而不
去也是其時君不行孔子之兆故也如得行其兆孔子遂大
行其道以輔佐其君雖留而弗去可也孔子有見行可之仕

至公養之仕也孟子又因而言孔子有見行可之仕有際可之仕有公養之仕如於魯卿季桓子再三時受乃語魯君爲周道遊往觀終日怠於政事子路曰夫子可以行矣孔子曰魯今且郊如致膰乎大夫則吾猶可以止桓子卒受女樂又不致膰俎於大夫孔子遂行宿于魯之南屯地桓子喟然嘆曰夫子罪我以羣婢故也凡此是孔子有見行可之仕也以其見既行之後乃且嘆曰夫子罪我以羣婢故也孰謂非於季桓子有見行可之仕乎於衞靈公是際可之仕也今按世家又云衞靈公聞孔子來喜郊迎問伐蒲之事後又問陳於孔子孔子曰俎豆之事則嘗聞之矣軍旅之事未之學也凡此是孔子有際可之仕也以其接遇孔子而孔子因言之此又孰謂非於衞靈公有際可之仕乎於衞孝公爲公養之仕者史記諸家於衞國並無孝公所謂公養之仕但言以養賢之禮養孔子也今按史記紀孔子則亦衞靈公也據春秋年表云衞靈公即位三十八年孔子來祿之又案孔子世家云孔子適衞衞靈公問孔子居魯得祿幾何對曰奉粟六萬衞人亦致粟六萬居頃之或譖孔子孔子遂去衞是則孔子於衞靈公有公養之仕也如衞孝公則吾亦未能信以其無以按據故也以時推之則孔子於季桓子受女樂之時則靈公即位之三十七年也魯定公十二年也定公十三年是衞靈

公即位之三十八年也問陳之時則即位之四十三年衛靈公是年卒後之學者宜精究之○注康誥尚書篇名周公戒成王封康叔○正義曰案尚書云成王既伐管叔蔡叔以殷餘民封康叔作康誥孔安國傳云命康叔之誥康圻内國名叔封字也云殺越人于貨暋不畏死凡民罔弗憝注云殺人顛越人於是以取貨利暋強也自強爲惡而不畏死人無不惡之者言當消絶之釋云越于也於也○注諸侯滅國五十○正義曰此蓋據經之文也已在滕文公之篇說焉○注魯卿季桓子秉國之政至荅之○正義曰左傳定公五年夏季平子卒桓子嗣立杜預云季孫斯也云衛孝公養賢者之禮養孔子不知何據

孟子曰仕非爲貧也而有時乎爲貧娶妻非爲養也而有時乎爲養仕本爲行道濟民也而有以居貧親老而仕者娶妻本爲繼嗣也而有以親執釜竈不擇妻而娶者爲貧者辭尊居卑辭富居貧爲貧之仕當讓高顯之位無求重祿辭尊居卑辭富居貧惡乎宜乎抱關擊柝辭尊富者安所宜乎宜居抱關擊柝監門之職也柝門關之木也擊

椎之也或曰柝行夜所擊木也傳曰魯擊柝聞於邾孔子嘗爲委吏矣曰會計當而已矣嘗爲乘田矣曰牛羊茁壯長而已矣位卑而言高罪也立乎人之本朝而道不行恥也孔子嘗以貧而祿仕委吏主委積倉庾之吏也不失會計當直其多少而已乘田苑囿之吏也主六畜之芻牧者也牛羊茁壯肥好長大而已茁茁生長貌也詩云彼茁者葭位卑不得高言豫朝事故但稱職而已立本朝大道當行不行爲己之恥是以君子祿仕者不處大位

【疏】孟子曰至恥也○正義曰此章言國有道則能者處卿相國無道則聖人居乘田量時安卑不受言責獨善其身者也孟子曰仕非爲貧至道不行恥也孟子言爲仕者志在欲行其道以濟生民非爲家貧之財故爲仕也然而家貧親老而仕者亦有時而爲貧也娶妻志在爲繼嗣以傳業非爲其欲奉養其已故娶妻也然而有以親執釜爨不擇妻而娶者是娶妻亦有時乎爲養也然以孟子於此乃言娶妻之謂者蓋妻亦臣之喻故因言爲仕而帶言之也所以於下文不復敘之而獨繼之以爲貧而言也言爲貧者不苟貪但免朝不食夕不

食飢餓不能出門戶足矣高爵非所慕也故辭其尊而處卑重禄非所慕也故辭其富而處貧凡此者以其爵有尊卑禄有多寡故然也以其禄之少者則又以貧言之非所謂家貧之貧也此又知孟子立言之法也言辭尊而處卑辭富而居貧是安所而宜之乎言抱關擊柝者是也抱關擊柝之職乃監門守禦之吏也擊柝者所以擊關門之木以警寇也川其是爵之卑禄之貧者也故自惡乎宜乎抱關擊柝又引孔子而證之言孔子嘗以貧而禄仕但爲委吏以掌倉廪又嘗爲乘田之吏以掌苑囿主芻牧也爲委吏則曰會計當料量多少斯已矣未嘗侵官犯分也爲乘田之吏則曰牛羊茁壯肥長斯已矣又未嘗侵官犯分也是皆但爲稱職耳孟子於此遂因言之曰如位處卑而言在高位者是罪之極也如立乎人之朝而道不得行者君子之所恥辱也孔子曰不在其位不謀其政又曰邦無道富且貴焉恥也皆此之謂也〇注親老而仕至娶者〇正義曰傳云任重而道遠者不擇地而息家貧親老者不擇官而仕是其意歟〇注傳曰魯擊柝聞於邾〇正義曰已說在叙篇〇注孔子至道也〇正義曰案孔子世家云孔子貧且賤嘗爲委氏吏而料量平嘗爲司職吏而畜息蕃由是爲司空已而去魯是其事也云詩云彼茁者葭注云茁出也葭蘆也箋云言蘆之始出者

萬

章曰：士之不託諸侯，何也？託，寄也。謂若寄公食禄於所託之國也。孟子曰：不敢也。諸侯失國而後託於諸侯，禮也；士之託於諸侯，非禮也。謂士位輕，本非諸侯敵體，故不敢比失國諸侯得爲寄公也。萬章曰：君餽之粟，則受之乎？士窮而無禄，君餽之粟，則可受之乎？曰：受之。孟子曰受之也。受之何義也？萬章曰受粟何義也。曰：君之於氓也，固周之。氓，民也。孟子曰君之於民，固當周其窮乏，況於士乎。曰：周之則受，賜之則不受，何也？萬章言士窮居，周之則受，賜之則不受，何也？周者，謂周急稟貧民之常料也。賜者，謂禮賜橫加也。曰：不敢也。孟子曰士不敢受賜。曰：敢問其不敢何也？萬章問何爲不敢。曰：抱關擊柝者皆有常職以食於上，無常職而賜於上者，以爲不恭也。孟子曰有職事者可食於上禄，士不仕自

以不任職事而空受賜爲不恭故不受也

曰君餽之則受之不識可常繼乎

萬章曰君禮餽賢臣賢臣受之不知可繼續而常來致之乎將當輙更以君命將之也

曰繆公之於子思也亟問亟餽鼎肉子思不悅於卒也摽使者出諸大門之外北面稽首再拜而不受曰今而後知君之犬馬畜伋蓋自是臺無餽也

孟子曰魯繆公時尊禮子思數問數餽鼎肉子思以君命道故不悅也於卒者末後復來時也摽麾也麾使者出大門之外再拜叩頭不受曰今而後知君以犬馬畜伋伋子思名也責君之不優以不煩而但數與之食物若養犬馬臺賤官主使令者傳曰僕臣臺從是之後臺不持餽來繆公慍也慍恨也

悅賢不能舉又不能養也可謂悅賢乎

孟子譏繆公之雖欲有悅賢之意而不能舉用使行其道又不能優養終竟之豈可謂能悅賢也

曰敢問國君欲養君子如何斯可

謂養矣（萬章問國君養賢之法也）曰以君命將之再拜稽首而受其後廩人繼粟庖人繼肉不以君命將之子思以爲鼎肉使己僕僕爾亟拜也非養君子之道也（將者行也孟子曰始以君命行禮拜受之其後倉廩之吏繼其粟將盡復送厨宰之人日送其肉不復以君命者欲使賢者不荅以敬所以優之也子思所以非繆公者以爲鼎肉使己數拜故也僕僕煩猥貌謂其不得養君子之道也）堯之於舜也使其子九男事之二女女焉百官牛羊倉廩備以養舜於畎畝之中後舉而加諸上位故曰王公之尊賢者也（堯之於舜如是是王公尊賢之道也九男以下已說於上篇上位尊帝位也）

〔疏〕萬章曰至尊賢者也○正義曰此章言知賢之道舉之爲上養之爲次不舉不養賢惡肯歸是以孟子上陳堯舜之大法下刺繆公之不弘者也萬章曰士之不託諸侯何也萬章問孟

子言士之不寄公食祿於諸侯是如之何也孟子曰不敢也
至非禮也者孟子荅之以爲士之所以不託於諸侯者以其
不敢也如諸侯失去其國然後託於諸侯是禮也士之託於
諸侯非是禮也以其諸侯失國不得繼世而託食祿於諸侯
則所託之諸侯不敢臣之也以賓禮之而已蓋爲諸侯於諸
侯有賓道焉士之於諸侯則臣道也有臣之道故不敢託也
如託於諸侯則非禮也萬章曰君餽之粟則受之乎萬章又
問孟子士既窮而無祿如國君餽賜之以粟則可受之乎曰
受之孟子以爲可受之也受之何義也萬章又問受之是何
義也曰君之於氓也固周之孟子又荅云君之於民固當賙
其窮乏況爲士乎曰周之則受賜之則不受何也萬章又問
謂國君周之則受之也君所賜則不受是如之何曰不敢也
孟子又荅之以爲是不敢也曰敢問其不敢何也萬章又以
此問之曰抱關擊柝者至恭也孟子又荅之曰抱關擊柝爲
監門之吏者是皆有常職事可以食於君也如士者是無常
職事若空見賜於君者是以爲不恭故不敢受也以其受與
不受特在義之而已曰君餽之則受之不識可常繼乎萬章
又問以謂國君餽之以粟則可以受之不知可以常繼續而
餽之與曰繆公之於子思至可謂悅賢者乎孟子又荅之言
魯繆公尊於子思數數問之而又數數餽賜其鼎肉子思以

君命如是之煩故憤而不喜悅於卒末後復來餽之時子思乃麾使者出諸大門之外嚮北稽首再拜辭之而不受曰至今而後乃知魯君以犬馬畜養其伋也伋曾子。自稱其名也蓋自子思如是辭之之後僕臣臺從此不持餽來也孟子於此又因而譏繆公既能悅其子思之賢而不能舉而用之又不能以祿養之可謂爲能悅賢者乎言不可爲悅賢之君也曰敢問國君欲養君子如何斯可謂養矣萬章又問國君今欲養養賢如之何可以謂之養也曰以君命將之至王公之尊賢者也孟子荅之以爲始以君命賜行禮拜而受之其後倉廩之吏繼其粟將盡又送餽之庖宰之人繼送其肉而不絶又不以君命欲使賢者不荅以敬以是爲優其養所以非繆公以爲鼎肉使已數數拜而僕僕然也僕僕即煩猥貌也如此是非所以養賢之道也且堯帝於舜也乃使九男事之二女女焉女者以女嫁人謂之女也又以百官牛羊倉廩備以養舜於畎畝側微之中後能舉用而加諸帝位如此則爲王公大人所以尊賢者也孟子引此適所以譏繆公不能舉用子思徒使鼎肉有迫子思之煩猥也抑又所以救時之弊者焉〇注託寄也謂若寄公〇正義曰案禮記大喪服云君之喪未斂爲寄公者是也〇**萬章曰敢問不見諸侯何**

注九男二女更不復說

義也問諸侯聘請而夫子不見之於義何取也孟子曰在國曰市井之臣在野曰草莽之臣皆謂庶人庶人不傳質爲臣不敢見於諸侯禮也在國謂都邑也民會於市故曰市井之臣在野居之曰草莽之臣莽亦草也庶衆也庶衆之人未得爲臣傳執也見君之質執雉之屬也未爲臣則不敢見之禮也萬章曰庶人召之役則往役君欲見之召之則不往見之何也庶人召使給役事則往供役事君召之見不肯往見何也曰往役義也往見不義也且君之欲見之也何爲也哉孟子曰庶人法當給役故往役義也庶人非臣也不當見君故往見不義也且君何爲欲見而召之曰爲其多聞也爲其賢也萬章曰君以是欲見之也曰爲其多聞也則天子不召師而況諸侯乎爲其賢也則吾未聞欲見賢

而召之也孟子曰安有召師召賢之禮而可往見。繆公亟見於子思曰古千乘之國以友士何如子思不悅曰古之人有言曰事之云乎豈曰友之云乎子思之不悅也豈不曰以位則子君也我臣也何敢與君友也以德則子事我者也奚可以與我友千乘之君求與之友而不可得也而況可召與魯繆公欲友子思子思不悅而稱曰古人曰見賢人當事之豈云友之邪孟子云子思所以不悅者豈不謂臣不可友君弟子不可友師也若子思之意亦不可友況乎可召之齊景公田招虞人以旌不至將殺之志士不忘在溝壑勇士不忘喪其元孔子奚取焉取非其招不往也已說於上篇曰敢問招虞人何以萬章問招虞人當何用也曰以皮冠庶人以旃士以旂大夫以旌孟子曰招禮若是皮冠弁也旃通帛也因章曰旃旂旌有鈴者旌注旄首者者。以大夫之招招虞人虞人死不敢往以士之招招庶人庶人豈敢往哉況乎以不賢人之招招賢人乎以貴者之招招賤人賤人尚不敢往況以不賢人之招招賢人乎不賢之招是不以禮者也欲見賢人而不以其道猶欲其入而閉之門也夫義路也禮門也惟君子能由是路出入是門也欲人之入而閉其門何得而入乎閉門如閉禮也詩云周道如底其直如矢君子所履小人所視詩小雅大東之篇底平矢直視比也周道平直君子履直道小人比而則之以喻虞人能効君子守死善道也萬章曰孔子君命召不俟駕而行然則孔子非與俟待也孔子不待駕而應君命也孔子爲之非與曰孔子當仕有官職而以其官召之也孟子言○孔子所以不待駕者孔子當仕位有官職之事君以其官名召之豈得不顯倒詩云顛之倒之自公召之不詔賢者無位而君欲召見也

疏萬章曰至召之也○正義曰此章言君子之志志於行道不得其禮亦不苟往者也萬章曰敢問不見諸侯何義也萬章問孟子所以不見諸侯其義謂何孟子曰在國曰市井之臣至禮也孟子荅之以謂凡在都邑謂之市井之臣在郊野謂之草莽之臣然揔而言之皆謂之衆庶之人如衆庶之人未得傳質爲臣者故不敢就見於君也以其無禮也傳質者所執其物以見君也如公執桓圭侯執信圭伯執躬圭子執穀璧男執蒲璧又諸侯世子執纁孤執玄附庸之君執黃卿執羔大夫執鴈士執雉是所以爲贄也萬章曰庶人召之役則往役君欲見召之則不往見之何也萬章又問孟子曰庶人於君召之給役則庶人往就其役事今君欲見召之乃不往者是如之何也萬章見齊王召孟子孟子不往所以有是問之曰往役義也往見不義也孟子荅之曰庶人往應其役是其義當往也以其庶人於君其法當爲之役故也往而見君者是不義也以其庶人非臣也義不

當往見君故也且君之欲見之也者何爲也哉孟子又以此
問萬章言且國君所欲見之者何爲也哉曰爲其多聞也爲其
其賢也萬章荅之曰君之所以欲見之者是爲多聞又爲其
賢有德也曰爲其多聞也至而召之也孟子又曰如是爲其
多聞也者則雖天子亦且不召其師而況諸侯可召而見之
乎如是賢爲有其德也則我未嘗聞知有欲見賢者而以召
之也繆公亟見子思子思至不往也孟子又引繆公而證之言魯
繆公數數見於子思乃曰古者千乘之國君以友其士何如
子思遂慍而不喜曰古之人有言曰見賢人則當事矣豈嘗
云友之乎然而子思所以不悅者其意豈不謂以位推之則
子是爲君尊矣而我則臣下也何敢與君爲之交友也以有
德論之則子事我爲子之師也奚可以與我爲友是則千乘
之國君求賢者與之爲友而尚且不可得也而況諸侯於今
可召賢者而見之乎齊景公至不往也說於上篇矣此更不
云曰敢問招虞人何以萬章見孟子言齊景公招虞人之事
遂因問之曰招虞人當用何物而招之曰以皮冠庶人以旃
至賢人乎孟子以荅之曰招虞人當以皮弁而招之也庶人虞
則以通帛招之士以旂大夫以旌如以大夫之旌招虞人虞人
人雖死亦且不敢往應其招也以其士之旂而招庶人庶人
豈敢往而應之哉而況以不賢之招而招賢人乎不賢之招

即不以禮之謂也欲見賢人而不以道至小人所視孟子又言今之諸侯欲見賢人而不以其道是若欲人入其門而反閉其門也如此尚何可得而見之乎夫義是若路也禮若門也惟君子之人能由行此義之路出入此禮之門上今乃反塞其義路而閉其禮門使君子何由而出入哉此孟子亦即此謂今之諸侯欲見賢人而乃欲召之則賢尚可得而見邪而小雅大東之詩有云周道平直如砥之平箭之直也君子亦所常履行此平直之道而爲小人所常視而則法之矣然以此證之者蓋謂賢人所以不往見於諸侯者是所守以義而爲衆人所矜式耳萬章曰孔子君命召不俟駕而行然則孔子非與萬章又問孟子以謂孔子常於君命召則不敢坐待駕而後行如此則孔子誠爲非與曰孔子當仕有官職而以其官召之也孟子又荅之曰孔子所以不俟駕而行者以其當於爲仕有官職而國君以其官而召之也豈得爲非耶○注質執雉之屬○正義曰己說於前矣○注孟子曰至首者○正義曰案士冠禮注云皮弁以白鹿爲之象舊禮圖云以鹿皮淺毛黃白者爲之高尺二寸今虞人以皮弁者皮弁以田故也又案周禮司常職云交龍爲旂通帛爲旃析羽爲旌鄭注云通帛謂大赤從周正色無飾析羽皆五采繫之於旃旌之上所謂注旄於首是也○注詩小雅至善道也○正

義曰此詩蓋刺亂之詩也譚國在東其大夫作是詩故云大東注云如砥貢賦平均也如矢賞罰不偏也言君子皆法傚履而行之其如砥矢之平直小人又皆視之共之無怨也。注孟子言孔子所以不待駕至豈可見也。正義曰語云君命召不俟駕而行是時孔子爲中都宰以其有官職也詩云顛之倒之自公召之此乃國風東方未明之章文也箋云挈臣顛倒衣裳而朝人又從君所來而召之也云伊尹三聘而後就湯孟子云湯三使往聘之是其文也云沮溺耦耕接輿佯狂按論語云長沮桀溺耦而耕鄭注云長沮桀溺隱者也耜廣五寸二耜爲耦又云楚狂接輿歌而過孔子曰鳳兮鳳兮蓋楚狂接輿是楚人姓陸名通字接輿也昭王時政令無常乃被髮佯狂不仕時人謂之楚狂也趙注引而證其解

孟子謂萬章曰一鄉之善士斯友一鄉之善士一國之善士斯友一國之善士天下之善士斯友天下之善士鄉鄉人之善者國一國之善者天下四海之內。各以大小來相友自爲疇匹也以友天下之善士爲未足又尚論古之人頌其

詩讀其書不知其人可乎是以論其世也是尚友也好善者以天下之善士爲未足極其善道也尚上也乃復上論古之人頌其詩詩歌國近故曰頌讀其書者猶恐未知古人高下故論其世以別之也在三皇之世爲上在五帝之世爲次在三王之世爲下是爲好上友之人也

疏孟子至尚友也○正義曰此章言好高慕遠君子之道樂其崇茂者也孟子謂萬章曰至是尚友也孟子謂萬章言一鄉之中有其善者所友斯亦一鄉之善士者也一國之中有善士所友者亦一國之善士者也天下於四海之內有其善士者所友亦以天下之善士者也如友天下之善士者爲未足以極其善道則又上論古之人而頌歌其詩看讀其書如此不知其如是之人可以友也乎然猶未知其人之可友也抑又當論其人所居之世如何耳能以此乃是尚友之道也孟子所以謂之以此者蓋欲教當時之人尚友也孔子云無友不如己者與其詩云高山仰止景行行止亦其意與

齊宣王問卿孟子曰王何卿之問也王問何卿也王曰卿不同乎曰不同有貴戚之卿有異姓之卿

孟子曰卿不同貴戚之卿謂內外親族也異姓之卿謂有德命為王卿也

王曰請問貴戚之卿

問貴戚之卿如何

曰君有大過則諫反覆之而不聽則易位

孟子曰貴戚之卿反覆諫君君不聽則欲易君之位更立親戚之貴者

王勃然變乎色

王聞此言愠怒而驚懼故勃然變色

曰王勿異也王問臣臣不敢不以正對

孟子曰王勿怪也王問臣臣不敢不以其正義對

王色定然後請問異姓之卿

王意解顏色定復問異姓之卿如之何也

曰君有過則諫反覆之而不聽則去

孟子言異姓之卿諫君不從三而待放遂不聽之則去而之他國也

疏齊宣至則去○正義曰此章言國須賢臣必擇忠良親近貴戚或遺殃禍者也齊宣王問卿是齊王問孟子為卿者如之何也孟子曰王何卿之問孟子荅之以謂王問何卿也王曰卿不同乎宣王見孟子以為問何卿故問之曰然是卿有不同而異之乎曰不同有貴戚之卿有異姓之卿孟子又荅之曰卿不同也以其有貴戚內外親族之

卿有異姓有貴之卿也王曰請問貴戚之卿宣王又問貴戚之卿是如之何也曰君有過謬則諫諍以至反覆數諫君不聽從則欲更易君位更立其君者也王勃然變乎色宣王聞此言遂憤而驚恐乃勃然變乎顏色曰王勿異也王問臣臣不敢不以正對孟子又曰王勿怪異我之言也王之所以問臣臣不敢不以正義對王也王色定然後請問異姓之卿宣王見孟子此言顏色遂解而心且安定故無驚恐然後又問其異姓之卿是如之何曰君有過則諫反覆之而不聽則去孟子又荅之曰國君有過謬則諫諍之以至反覆數諫而不聽從則去而之他國者是也如紂之無道微子比干諫之而不聽一則雖爲之見剖一則抱祭器而從周伊尹發於有莘之野而爲殷湯興治天下蓋亦本湯立賢無方故也宜孟子以是而告齊王

孟子注疏解經卷第十下

南昌縣知縣陳煦栞

孟子注疏卷十下挍勘記

阮元撰　盧宣旬摘録

當訑何心爲可也　閩監毛三本同廖本孔本韓本考文古本足利本也作者

郤之郤之爲不恭　閩本同監毛二本孔本韓本郤作卻音義出卻之云或作郤誤案卻字从卩說文曰卻也俗作却郤者邑名字从邑經傳亦借爲隙字

其來交求已以道理　閩監毛三本同岳本孔本韓本考文古本交求作求交

蓋言其可受之也　閩監毛三本同宋本廖本孔本韓本考文古本作言可受也足利本無之也二字

殷受夏周受殷　石經殷諱作商

皆於也　廖本孔本韓本考文古本同閩監毛三本皆誤者

於今爲烈烈　閩監毛三本孔本同韓本考文古本下烈作然

君子欲受之 閩監毛三本同孔本韓本欲作且受上重受字考文古本同孔本無且字

謂孟子也 閩監毛三本同宋本岳本廖本孔本韓本考文古本足利本無也字

知後王者 諸本同廖本監本毛本王作正誤

今大盡耳 宋本耳作甘

孔子先簿正祭器 音義云簿本多作薄誤

乏絶 監毛二本乏誤之玩僞疏本用此誤本

何爲不去也 閩監毛三本同廖本孔本韓本考文古本無也字

占其事始 廖本孔本韓本考文古本足利本同閩監毛三本始誤治

於季桓子 石經桓作桓

孔子故宿留以荅之也 閩監毛三本同宋本岳本考文古本無孔子二字廖本也作矣孔本

韓本無孔子二字也作矣足利本無無之字

章指言聖人憂民樂行其道苟善辭命不忍逆距不合則

去亦不淹久蓋仲尼行止之節也

椎之也考文古本椎作推案音義出椎字作推非也

行夜按行字如月令出行田原之行經典釋文皆下孟反孫不爲音非也閩監毛三本足利本同孔本韓本考文古本無一茵

茵茵字

章指言國有道則能者取考文古本作處卿相國無道則聖人居

乘田量時安卑不受言責獨善其身之道也

固當周其窮乏岳本及各本同宋本當作常

士窮居周之則受閩監毛三本同廖本孔本韓本考文古本居作君

稟貧民之常料也廖本孔本韓本考文古本料作科是也閩監毛三本稟作廩○按作廩非也說文曰稟賜穀也淺人多譌稟爲廩

可食於上祿孔本韓本祿作有

而常來致之乎廖本常作當案常是毛本同

以君命道故不悅也閩監毛三本同廖本孔本韓本考文古本道作煩足利本作以爲君命煩故不悅案煩是

君以犬馬畜伋閩監毛三本同宋本岳本廖本孔本韓本無以字

慍恨也玩此三字似經文有奪抑注文作繆公慍恨也五字今本衍二字耳

章指言知賢之道舉之爲上養之爲次不舉不養賢惡肯歸是以孟子上陳堯舜之大法下刺繆公之不宏孔本韓本作閎

也孔本韓本考文古本無也字

伋曾子自稱其名也案曾子當作子思

謂都邑也孔本無也字

故曰市井之臣在野居之曰草莽之臣閩監毛三本同廖本考文古本作故曰市井之人在野野居之人孔本韓本同廖本上人作臣

庶衆之人閩監毛三本同宋本孔本韓本考文古本庶衆作衆庶

則往供役事閩監毛三本同宋本孔本韓本考文古本無役字

不月往見岳本廖本孔本韓本考文古本月作肯是也閩監毛三本作自亦非

欲見而召之閩監毛三本同廖本孔本韓本考文古本作欲見之而召之也

而可往見閩監毛三本同宋本孔本韓本考文古本下有也字

孔子奚取焉取非其招不往也 石經焉下有哉字無其字

註旝首者者 註當作注下者字衍宋本岳本廖本考文古本作注旝首者閩監毛三本作注旝于首者孔本韓本作注旝干首者○按作干是也古多假干爲竿

是不以禮者也 閩監毛三本同廖本孔本韓本考文古本作不以禮也足利本有是字

何得而入乎 閩監毛三本同廖本孔本韓本何作可

如閉禮也 閩監毛三本同廖本韓本如作由孔本作猶

周道如底 按底字誤也當作厎說文厎柔石也从厂氐聲或作砥職雉切底山居也下也从广氐聲都禮切今毛詩作砥孟子作厎正是一字不當从广音義亦誤

孟子言孔子 閩監毛三本足利本同孔本韓本考文古本言作曰

章指言君子之志志於行道不得其禮亦不苟往於禮之

可伊尹三聘而後就湯道之未洽沮溺耦耕接輿佯狂豈可見也　孔本作乎

一國之善者　閩監毛三本同廖本孔本韓本考文古本一國作國中

四海之内　閩監毛三本同宋本孔本韓本考文古本下有也字

詩歌國近　閩監毛三本同廖本孔本韓本考文古本國近作頌之是

章指言好高慕遠君子之道雖各有倫樂其崇茂是以仲尼曰毋友不如己者高山仰止景行行止

命爲王卿也　閩監毛三本同廖本孔本韓本考文古本王作三

更立親戚之貴者　宋本岳本韓本考文古本同閩監毛三本韓本貴作賢是

諫君不從王而待旅遂不聽之　廖本考文古本王作三旅作放是也宋本遂作逐孔

本韓本同廖本三作去閩監毛三本作諫君反覆諫君而君遂不聽之非也

章指言國須賢臣必擇忠良親近貴戚或遭禍殃伊發有莘爲殷興道故云成湯立賢無方也

齊宣至則去　閩監本同毛本宣下增王字

孟子注疏卷十下挍勘記

奉新趙儀吉挍

孟子注疏解經卷第十一上

告子章句上凡二十章

孫奭疏

趙氏注　告子者告姓也子男子之通稱也名不害兼治儒墨之道者嘗學於孟子而不能純徹性命之理論語曰子罕言命謂性命難言也以告子能執弟子之問故以題篇

【疏】正義曰此篇首論告子言性所以次於萬章問孝之篇者以其爲孝之道其本在性也故此篇首以告子之言性遂爲篇題次於萬章不亦宜乎此篇凡三十六章趙氏分之以成上下卷此卷凡二十章而已一章言養性長義順夫自然殘木爲器變而後成二章言人之欲善由水好下迫勢激躍失其素真三章言人之性與善俱生四章言明仁義由内以曉告子五章言公都告子受命然後乃理六章言天之生人皆有善性引而趍之善惡異衢其七章言人稟性俱有好憎或爲君子或爲小人猶麰麥不齊雨露使然也八章言秉心持正使邪不干猶止斧斤不伐牛山則山木茂人則稱仁九章言弈爲小數不精不能一人善之十人惡之若竭其道何由智哉十章言舍生取義義之大者也十一章言由路

求心爲得其本十二章言舍大惡小不知其要十三章言莫知養身而養其樹木十四章言養其行治其政俱用智力善惡相厲是以君子居處思義飲食思禮十五章言天與人性先立其大十六章言古人修天爵自樂之也今要人爵以誘待也得人弃天道之忌也或以招之小人事也十七章言所貴在身人不知求十八章言爲仁不至不反求諸己謂水勝火熄而後已不仁之甚終爲亡矣十九章言功毀幾成人在慎終五穀不熟荑稗是勝是以爲仁必其成也二十章言彀張規矩以喻爲仁學不爲仁由是二教失其法而行之者也其餘十六章趙氏分在下卷各有敘焉○注告子者姓至篇題○正義曰云告子名不害者盡心篇有浩生不害疑爲告子姓告名不害以浩生爲字趙注又云浩生姓名不害又爲二人其佗經傳未詳甚人云論語子罕言命蓋論語第九篇首云也故以題其篇

告子曰性猶杞柳也義猶桮棬也以人性爲仁義猶以杞柳爲桮棬告子以爲人性爲才幹義爲成器猶以杞柳之木爲桮棬也杞柳柜柳也一曰杞木名也詩云北山有杞桮棬桮素也

孟子曰子能順杞柳之性

而以爲桮棬乎將戕賊杞柳而後以爲桮棬也戕猶殘也春秋傳曰戕舟發梁所能順完杞柳不傷其性而成其桮棬乎將斤斧殘賊之乃可以爲桮棬乎言必殘賊也如將戕賊杞柳而以爲桮棬則亦將戕賊人以爲仁義與孟子言以人身爲仁義豈可復殘傷其形體乃成仁義邪明不可比桮棬率天下之人而禍仁義者必子之言夫以告子轉性爲仁義若轉木以成器必殘賊之故言率人以禍仁義者必子之言夫蓋歎辭也

【疏】告子至言夫○正義曰此章言養性長義順夫自然殘木爲器變而後成孟子拂之不假以言也告子曰至爲桮棬告子言人之性譬若杞柳義若桮棬也以人之性爲其仁義之道若以杞柳之木爲之桮棬也杞枸杞也柳少楊也桮素樸也棬器之似屈轉木作也以其杞柳可以楺而作棬也孟子曰子能順杞柳之性爲桮棬乎至必子之言夫孟子乃拂之曰子能順杞柳之木性以爲桮棬乎以其將以斤斧殘賊其杞柳然後爲之桮棬也如將斤斧殘賊杞柳而以爲之桮棬是亦將殘賊人之形軀然後以爲仁義與且驅天下之之人而殘

禍仁義之道者是亦必子之此言也孟子所以拂之以此蓋謂人之性仁義固有不可比之桮棬以杞柳爲之也○注杞柳柜柳至素正義曰案說文云杞枸杞柳少楊也桮匵也棬屈木盂也所謂器似升屈木作是也詩云北山有杞南山有臺文也

告子曰性猶湍水也決諸東方則東流決諸西方則西流人性之無分於善不善也猶水之無分於東西也湍水。圜也謂湍水。湍縈水也告子以喻人性若是水也善惡隨物而化無本善不善之性也

孟子曰水信無分於東西無分於上下乎人性之善也猶水之就下也人無有不善水無有不下今夫水搏而躍之可使過顙激而行之可使在山是豈水之性哉其勢則然也人之可使爲不善其性亦猶是也孟子曰水誠無分於東西故決之而

往也水豈無分於上下乎水性但欲下耳人性生而有善猶水之欲下也所以知人皆有善性似水無有不下者也躍跳顙額也人以手跳水可使過顙激之可令上山皆迫於勢耳非水之性也人之可使爲不善非順其性也亦妄爲利欲之勢所誘迫耳猶是水也言其本性非不善也【疏】告子至是也○正義曰此章言人之欲善猶水好下迫勢激躍失其素眞是以守正性爲君子隨曲折爲小人者也告子曰性猶湍水也至東西也告子言人之性猶縈迴之水也湍圜縈迴之勢也縈迴之水決之使流於東方則東流之使之流西方則西流之而人之性無分於爲善爲不善也如縈迴之之水無分於東西也孟子曰至是也孟子言水之性無分於東西上下乎言有分於東西上下也人性之善也猶水之就下也人無有性之不善者水無有不就下者今夫水之勢搏而跳之可使過顙激而行之可令上山如此豈水性如是哉是其勢如是也人之性所以可使爲不善者亦若此水之勢也以其人之性不善乃利慾而誘迫之也亦搏激其水之謂也○注湍者圜也○正義曰說文云湍急瀨水又云瀨水流沙上也今謂縈迴之水者然其水流沙上縈迴之勢湍湍然也

告子曰生之謂性凡物生同類者皆同性孟子曰生之謂

性也猶白之謂白與猶見白物皆謂之同白無異性曰然告子曰然白羽之白也猶白雪之白白雪之白猶白玉之白歟孟子以爲羽性輕雪性消玉性堅雖俱白其性不同問告子。以三白之性同邪曰然告子曰然誠以爲同也然則犬之性猶牛之性牛之性猶人之性歟孟子言犬之性豈與牛同所欲牛之性豈與人同所欲乎〔疏〕告子曰生之至性歟正義曰此章言物雖有性性各殊異惟人之性與善俱生者也告子曰生之謂性告子言人之生與物之生皆謂之性以其爲同也孟子曰生之謂性也猶白之謂白歟孟子見告子以爲凡物生同謂之性故問之曰然則生之謂性是如凡物之白皆謂同白無異性也曰然告子以爲誠如是也白羽之白也猶白雪之白白雪之白猶白玉之白歟孟子又言是則白羽毛之白亦如白雪之白白雪之白亦如白玉之白歟故以此三者問告子然孟子以謂羽毛之白則其性輕白雪之白其性易消白玉之白其性堅是其性有不同其白也曰然告子不知爲有異故亦以爲誠然也言則同也然則犬之性猶牛之性牛之性猶人之性歟孟子曰又如是則犬狗之性猶牛之性，牛之性亦猶人之性與？孟子所以言此者，以其犬之性金畜也，故其性守；牛之性土畜也，故其性順；夫人受天地之中，萬物俱備於我者也，是其稟陰與陽之氣所生也，故其性能柔能剛，是爲不同者。告子不知，但知其麤者也。

告子曰：食色，性也。仁，内也，非外也；義，外也，非内也。人之甘食悅色者，人之性也。仁由内出，義在外也，不從己身出也。孟子曰：何以謂仁内義外也？孟子怪告子是言也。曰：彼長而我長之，非有長於我也；猶彼白而我白之，從其白於外也，故謂之外也。告子言見彼人年老長大，故我長敬之，長大者非在我者也，猶白色見於外者也。曰：異於白馬之白也，無以異於白人之白也；不識長馬之長也，無以異於長人之長歟？且謂長者義乎？長之者義乎？孟子曰：長異於白，白馬白人同謂之白可也，不知敬老馬無異於敬老人邪？且謂老者爲義。義乎將謂敬老者爲有義乎且敬老者已也何以爲外也曰吾弟則愛之秦人之弟則不愛也是以我爲悅者也故謂之內長楚人之長亦長吾之長是以長爲悅者也故謂之外也告子曰愛從己則己心悅故謂之內所悅喜老者在外故曰外也曰耆秦人之炙無以異於耆吾炙夫物則亦有然者也然則耆。炙亦有外歟孟子曰耆炙同等情出於中敬楚人之老與敬己之老亦同己情性敬之雖非己炙同美故曰物則有然者也如耆炙之意豈在外邪言楚秦喻遠也

疏告子曰食色至亦有外歟○正義曰此章言事者雖從外行其事者皆發於中明仁義由內所以曉告子之惑者也告子曰食色性也仁內也非外也義外也非內也告子言人之嗜其甘食悅其好色是人之性也仁在我爲內非自外而入者也義在彼非在我故爲外也非內也孟子曰何以謂仁內義外也孟子見告子以爲仁內義外故問之曰何以爲仁內義外曰彼長而我長之至故謂之外也告子言彼

人之年老而我從而敬長之非有長在我也如彼物之色白而我從而白之是從其白於外也我故謂義爲在外也曰異於白馬之白也無以異於白人之白也不識長馬之長也無以異於長人之長歟且謂長者義乎長之者義乎孟子又闢之曰彼長而我長之異於彼白而我白之也於白馬之色白無以異於白人之色白也是則同也不知長老馬無以異於長人之長老乎以其是則有異也蓋白馬之白與白人之白者彼白而我白之耳我何容心於其閒哉固無異也長馬之長與長人之長則有欽不欽之心矣此所以有異焉以其長人之長者有欽長馬之長者無欽是則長者在彼長之者在我而義自長之者生非自長者生也如此告子何得謂之外乎故問之曰且謂長者爲有義乎長之者爲有義乎曰吾弟則愛之至故謂之外也告子又謂我之弟則親愛之秦人之弟則我不愛是愛以我爲悅者也愛主人故謂仁爲内也敬長楚人之長者亦敬長吾之長者是以長爲悅者也長主義故謂義爲外也曰耆秦人之炙無以異於耆吾炙至亦有外歟孟子又以秦人之炙而排之曰好秦人之炙無以異於好吾之炙爲物耳則亦有如是也然則好炙亦有外歟且孟子所以排之以此者蓋謂仁義皆内也以其秦人之弟則不愛吾弟則愛之愛與不愛是皆自我者也告子謂之以我爲悅

則是矣吾之長者吾長之楚人之長吾亦長之長之亦皆自我者也告子又謂之以長爲悅則非矣是亦猶秦人之炙與吾之炙雖不同而嗜之者皆自我也如是則義果非生於外者也云炙實周書曰黃帝始燔肉爲炙是也秦楚所以喻外

孟季子問公都子曰何以謂義內也季子亦以爲義外也曰行吾敬故謂之內也公都子曰以敬在心而行之故言內也鄉人長於伯兄一歲則誰敬季子曰敬誰也曰敬兄公子都曰當敬兄也酌則誰先季子曰酌酒則誰先酌曰先酌鄉人公都子曰當先鄉人所敬在此所長在彼果在外非由內也季子曰所敬者兄也所酌者鄉人也如此義果在外不由內也果猶竟也公都子不能荅以告孟子公都子無以荅季子之問孟子曰敬叔父乎敬弟乎彼將曰敬叔父曰弟爲尸則誰敬彼將曰敬弟子

曰惡在其敬叔父也彼將曰在位故也子亦曰在位故也庸敬在兄斯須之敬在鄉人孟子使公都子荅季子如此言弟以在尸位故敬之鄉人以在賓位故先酌之耳庸常也常敬在兄斯須之敬在鄉人季子聞之曰敬叔父則敬敬弟則敬果在外非由內也隨敬所在而敬之果在外公都曰冬日則飲湯夏日則飲水然則飲食亦在外也湯水雖異名其得寒溫者中心也雖隨敬之所在亦中心敬之猶飲食從人所欲豈可復謂之外也

【疏】孟季至是亦在外也○正義曰此章言凡人隨形不本其原賢者達情知所以然季子信之猶若告子公都受命然後乃理者也孟季子問公都子曰何以謂義內也孟季子猶若告子以爲義外故問孟子弟子公都子曰何以謂義爲內也曰行吾敬故謂之內也公都子荅之曰所敬在心而行之故謂義爲內也鄉人長於伯兄一歲則誰敬季子又問之曰鄉之人有長於己之伯兄一歲則當敬誰曰敬兄公都子曰當敬己之兄

也酌則誰先季子又問之曰如在筵則酌酒先酌誰曰先酌鄉人公都子曰當先酌鄉人也所敬在此所長在彼果在外非由內也季子又言所敬在兄是敬在此酌在鄉人是所長在彼是義果在外者也非由內而出之也公都子不能荅以告孟子公都子於此遂無言以應荅而乃告知於孟子孟子曰至斯須之敬在鄉人孟子謂公都子曰敬叔父乎敬弟乎彼季子將曰敬叔父則問之曰弟爲主則誰敬彼季子將曰敬弟則又問之曰如敬弟則安在敬其叔父也彼季子將曰弟在位故敬之也子亦與之曰所以先酌鄉人者亦以在賓之位故先酌之也言常敬者在兄斯須少頃之敬在鄉人也季子聞之至非由內也季子聞孟子此言故謂之曰敬叔父則敬之敬已之弟則亦敬之是隨敬所有則敬在外非由內也公都子曰冬日則飲湯至亦在外也公都子因孟子教之以此乃曉其理故自又以冬夏所飲比喻而曉季子之惑也言冬寒之日則飲湯夏熱之日則飲水如是則飲食亦有在外者也蓋謂湯水雖異名然得其寒熱而飲之者在我之中心然也猶敬叔父敬弟雖有異然而能敬之者在我而已敬在我則敬在心而出之者也安得謂之在外乎季子即下卷所謂季任爲任處守者

公都子曰告子曰性無善無不善也

公都子道告子以爲人性在化無本善不善也或曰性可以爲善可以爲不善是故文武興則民好善幽厲興則民好暴公都子曰或人以爲可教以善不善亦由告子之意也故文武聖化之起民皆喜爲善幽厲虐政之起民皆好暴亂或曰有性善有性不善是故以堯爲君而有象以瞽瞍爲父而有舜以紂爲兄之子且以爲君而有微子啓王子比干公都子曰或人者以爲各有性善惡不可化移堯爲君象爲臣不能使之爲善瞽瞍爲父不能化舜爲惡紂爲君又與微子比干有兄弟之親亦不能使其二子爲不仁是亦各有性也矣今曰性善然則彼皆非歟公都子曰告子之徒其論如此今孟子曰人性盡善然則彼之所言皆爲非歟孟子曰乃若其情則可以爲善矣乃所謂善也若夫爲不善非才之罪也若順也性與情相爲表裏

性善勝情情則從之孝經云此哀戚之情情從性也能順此情使之善者真所謂善也若隨人而強作善者非善者之善也若爲不善者非所受天才之罪物動之故也惻隱之心人皆有之羞惡之心人皆有之恭敬之心人皆有之是非之心人皆有之惻隱之心仁也羞惡之心義也恭敬之心禮也是非之心智也仁義禮智非由外鑠我也我固有之也弗思耳矣故曰求則得之舍則失之或相倍蓰而無筭者不能盡其才者也仁義禮智人皆有其端懷之於內非從外銷鑠我也求存之則可得而用之舍縱之則亡失之矣故人之善惡或相倍蓰或至於無筭者不能相與計多少言其絕遠也所以惡乃至是者不能自盡其才性也故使有惡人非天獨與此人惡性其有下愚不移者也譬若乎被疾不成之人所謂童昏也詩曰天生蒸民有物有則

民之秉彝。好是懿德。孔子曰爲此詩者其知道乎故有物必有則民之秉彝也故好是懿德詩大雅蒸民之篇言天生蒸民有物則有所法則人法天也民之秉夷夷常也常好美德孔子謂之知道故曰人皆有是善者也

疏公都子曰至懿德○正義曰此章言天之生人皆有善性引而趍之善惡異衢高下自懸賢愚行殊尋其本者乃能一諸者也公都子曰至然則彼皆非與者公都子問孟子以謂告子言人之性無有善亦無有不善但在人之所爲如何耳或有謂人性可以爲善又可以爲不善但在上所化如何耳如此故文王武王興起常以善養人則民人皆好善至幽王厲王興起常以政暴虐於民則民亦皆好其暴亂或有人又謂人有性善有性不善非在所化稟之於天而已如此故以堯帝之爲君而有象之傲爲臣以瞽瞍之頑爲父而有舜之聖爲子以紂爲兄之子且以爲君而有微子啓王子比干之賢爲臣今孟子乃曰性皆善是則彼告子與或人之言者皆不是歟故以此問孟子孟子曰乃若其情則可以爲善矣至好是懿德孟子言人之乃順其情則皆可以爲善矣是所謂性善也若夫人爲不善者非天之降才爾殊也

其所以爲不善者乃自汨喪之耳故言非禀天才之罪也且情性才三者合而言之則一物耳分而言之則有三名故曰性曰情曰才蓋人之性本則善之而欲爲善者非性也以其情然也情之能爲善者非情然也以其才也是則性之動則爲情而情者未嘗不好善而惡惡者也其不欲爲善者乎而才者乃性之用也而才者上有以達乎天下有以達乎地中有以貫乎人其有不能爲善者乎此孟子所以曰乃若其情則可以爲善矣乃所謂善也若夫爲不善非才之罪也言惻隱之心人皆有之至智也者已詳於前矣蓋以惻隱羞惡恭敬是非之心人皆有是心也人能順此而爲之是謂仁義禮智也仁義禮智即善也然而仁義禮智之善非自外銷鑠我而亡之也我有生之初固有之也但人不思而求之耳故曰求則得而存舍而弗求則亡之矣然人所以有善有惡其善惡相去之遠或相倍蓰或至於不可計其多少如此之絕遠者是不能自盡其性才者也言才無有不能爲善者矣但不能盡其才而爲之耳故詩大雅蒸民之篇有曰上天之生衆民有物則有所法則民之秉執其常善故好是美德而已所謂常即善也所謂善即美德也謂美德者即仁義禮智是也孔子常亦云爲此詩之人其能知道者也故言有物必有則民之秉彝故好是懿德也然所謂物者即自人之四肢五臟

六腑九竅達之於君臣父子夫婦兄弟朋友無非物也所謂則者即仁之於父子義之於君臣禮之於夫婦兄弟信之於朋友也是無非有物則有則也由此觀之孟子所以言至此者豈非人性皆善者邪故有物必有則是謂性之善也能秉其彝是謂才也好是懿德是謂情也有物有則民之秉彝好是懿德是能順其情以爲善而才從之者也○注紂與微子比干有兄弟之親○正義曰案史記世家云微子啓者殷帝乙之首子而紂之庶兄也又云王子比干者亦紂之親戚也是知有兄弟之親矣○注大雅烝民之詩○正義曰此蓋尹吉甫美宣王之詩文也

孟子曰富歲子弟多賴凶歲子弟多暴非天之降才爾殊也其所以陷溺其心者然也富歲豐年也凶歲飢饉也子弟凡人之子弟也賴善暴惡也非天降下才性與之異也以飢寒之厄陷溺其心使爲惡者也今夫麰麥播種而耰之其地同樹之時又同浡然而生至於日至之時皆孰矣雖有不同則地有肥磽雨露之養

人事之不齊也麰麥大麥也詩云貽我來麰言人性之同如此麰麥其不同者人事雨澤有不足。地之有肥磽耳磽薄也故凡同類者舉相似也何獨至於人而疑之聖人與我同類者聖人亦人也其相覺者以心知耳故體類與人同故舉相似也故龍子曰不知足而爲屨我知其不爲蕢也屨之相似天下之足同也龍子古賢人也雖不知足小大作屨者猶不更作蕢蕢草器也以屨相似天下之足略同故也口之於味有同耆也易牙先得我口之所耆者也如使口之於味也其性與人殊若犬馬之與我不同類也則天下何耆皆從易牙之於味也至於味天下期於易牙是天下之口相似也人口之所耆者相似故皆以易牙爲知味言口之同也惟耳亦然至於聲天下期於師曠是天下之耳相似也耳亦猶口也天下皆以師曠爲知聲之微妙也惟目亦然至於子都天下莫不知其姣也不知子都之姣者無目者也目亦猶耳也子都古之姣好者也詩云不見子都乃見狂且儻無目者乃不知子都好耳言目之同也故曰口之於味也有同耆焉耳之於聲也有同聽焉目之於色也有同美焉至於心獨無所同然乎言人之心性皆同也心之所同然者何也謂理也義也聖人先得我心之所同然耳故理義之悅我心猶芻豢之悅我口心所同耆者義理也理者得道之理聖人先得理義之要耳理義之悅心如芻豢之悅口。誰不同也。

【疏】孟子曰至我口。○正義曰此章言人稟性但有好憎耳目口心所悅者同或爲君子或爲小人猶麰麥不齊雨露使然者也孟子曰富歲子弟多賴至猶芻豢之悅我口者孟子言豐熟之年凡人之子弟多好善賴善也凶荒之年凡人之子弟多好暴惡然而非上天降下才性與之殊異也而其所以由飢寒之厄陷溺去其良心而爲之惡也無他所謂禮義生於富足盜賊起於貧窮是也且譬夫今之大麥也人播種而耰鋤之其地高下以同藝殖之時又同浡浡然而生長秀茂至於日至可以收割之時皆熟矣雖有不同爲不熟者則是地有肥薄與雨露之不均而人事之所加有不齊也故凡物有同其類者皆相似也何獨至於人而疑爲不然雖聖人亦則與我同其類者也故龍子之賢人有曰人不知天下人之足而爲草屨者我知其人不能爲之蕢也蕢草器也其所以爲屨皆相似者以其天下人之足則同也故口之於食味人有同耆也然而易牙先得我口之所好者也如使人口於味其性之所好與人殊異有若狗馬之與我不同其形類也則天下何以耆其味皆從易牙所好之味也至於食味天下所以皆期指於易牙者是天下之人口相似也不特口之於味然也惟耳於聲亦如是也耳於聲天下之人所以皆期指於師曠爲知聲之妙者是天下之人耳相似也又不特耳如是也惟天下之目亦如是也至於子都者天下之人無有不知其姣好也不知子都之姣好者是無目之人也故曰人口之於味

其有所同好者焉耳之於聲以其有同聽者焉目之於色以其有同美者焉至於心獨無所同亦如是乎言人心性亦若口耳皆有同而無異也然人心有所同然者何也是謂理也義也惟聖人者但先得我心之所同然耳故曰理義之有喜悅於我心者如芻豢之味有悅於我口耳蓋理出於性命天之所爲也義出於道德人之所爲也而理義又出於人心所同然也是則天之使我有是之謂命天命之謂性是性命本乎天故爲天之所爲也天之所爲雖妙然而未嘗不有理焉如此豈非其理有出於性命者乎人能存其性命而不失之者是所謂有其道德也故爲人之所爲者也人之所爲道德雖妙然而未嘗不有義存焉如此則豈非其義有出於人心者乎合而言之則性命道德是爲理義雖是理義出於性命道德者耳○注麰麥至薄也○正義曰釋云麰麥大麥也又短粒麥也詩云貽我來麰此蓋周頌思文之篇言后稷配天之詩也磽說文云磽石地名也○注易牙爲知味○正義曰案左傳云易牙齊桓公大夫也淄澠二水爲食易牙亦知二水之味桓公不信數試始驗是易牙爲知味者也○注師曠爲知聲之妙○正義曰案呂氏春秋云已說在離婁篇首左傳杜氏注云晉樂師子野者是也○注子都詩云不見子都乃見狂且○正義曰案詩國風山有扶蘇之篇文也注云都世

之美好者狂狂人也且辭也箋云人之好色不往覩子都反往覩狂醜之人凡此是知子都爲美好者也○草牲曰芻穀養曰豢○正義曰說文云牛馬曰芻犬豕曰豢是其解也

孟子注疏解經卷第十一上

盧氏宣旬校

大清嘉慶二十年重
用文選樓藏本校

南昌縣知縣陳煦栞

孟子注疏卷十一上挍勘記　阮元撰盧宣旬摘錄

人性爲才幹　閩監毛三本孔本足利本同韓本考文古本才作本

所能順完杞柳　閩監毛三本同廖本孔本韓本考文古本足利本所作子

而成其桮棬乎　閩監毛三本足利本同孔本韓本考文古本無其字

將斤斧殘賊之　各本同岳本將下有以字

如將戕賊杞柳　此本脫戕字

明不可此桮棬　此當作比閩監毛三本作比廖本孔本韓本考文古本作明不可比桮棬也

以告子轉性爲仁義　閩監毛三本同廖本孔本韓本考文古本足利本爲上有以字

蓋嘆辭也　閩監毛三本同廖本孔本韓本考文古本無蓋字

章指言養性長義順夫自然殘木爲器變而後成　岳本孔本韓本

考文古本此下並有告子道偏見有不純八字仁內義外孔本作內仁外義達人之端孟子拂之不假以言也

湍水圜也謂湍水湍縈水也閩監毛三本同廖本孔本韓本考文古本上湍水作湍者下湍水無水字縈作濴案僞疏引亦作湍者圜也音義出濴字

搏而躍之音義丁作摶

猶水之欲下也閩監毛三本同廖本孔本韓本無之字

章指言人之欲善猶水好下迫勢激躍失其素眞是以守正性者爲君子隨曲拂者爲小人也

令謂縈迴之水者然其水流沙上案令誤令言誤然監毛本不誤

無異性閩監毛三本足利本同廖本孔本韓本考文古本下有也字

問告子以三白之性 閩監毛三本同廖本孔本韓本考文古本疊子字

章指言物雖有性性各殊異惟人之性與善俱生赤子入井以發其誠告子一之知其麤矣孟子精之是 足利本作人 在其中

則犬狗之性 閩本同監毛二本無狗字

見彼人年老長大 閩監毛三本同廖本孔本韓本無老字

非在我者也猶白色見於外者也 閩監毛三本足利本同廖本孔本韓本考文古本在下有於字無二者字

同謂之白可也 各本同考文古本可作何

爲義義乎 閩監毛三本少一義字廖本孔本韓本考文古本作爲有義乎案廖本是也

且敬老者閩監毛三本同廖本孔本韓本無且字

愛從己廖本孔本韓本考文古本同閩監毛三本己誤心

所悅喜老者在外岳本孔本韓本考文古本同閩監毛三本脫老字

故曰外也閩監毛三本同廖本孔本韓本無也字

耆秦人之炙音義本亦作嗜下同○案嗜正字耆假借字

己情性敬之閩監毛三本足利本同孔本韓本考文古本性作往

章指言事雖在外行其事者皆發於中明仁義由內所以曉告子之惑也

且孟子所以排之閩監二本同毛本且作故

云炙實監毛本實並作者

行吾敬此章敬字石經諱作欽

故言内也閩監毛三本同岳本孔本韓本無也字

則誰先酌閩監毛三本足利本同岳本孔本韓本考文古本作則先酌誰

鄉人以在賓位閩監毛三本同廖本孔本韓本考文古本無以字

斯須之敬在鄉人閩監毛三本足利本同廖本孔本韓本考文古本下有也字

章指言凡人隨形不本其原賢者達情知所以然季子信之猶若告子公都受命然後乃理

孟季至是亦在外也是食之誤閩監毛三本不誤

公都子曰或人者閩監毛三本同孔本韓本無者字

以爲各有性閩監毛三本同岳本廖本孔本韓本各上有人字

使其二子爲不仁閩監毛三本同岳本孔本韓本考文古本其作此

是亦各有性也矣廖本孔本韓本考文古本無矣字閩監毛三本也作者

皆爲非歟閩監毛三本同廖本孔本韓本考文古本作皆非邪

孝經云閩監毛三本同岳本孔本韓本云作曰

其有下愚不移者也閩監毛三本同岳本廖本孔本韓本考文古本無也字

譬若乎被疾不成之人閩監毛三本同岳本廖本韓本若作如無乎字考文古本無乎字

民之秉彝閩本同石經彝作夷監本毛本孔本韓本考文古本足利本同石經下同

言天生蒸民閩監毛三本同廖本孔本韓本考文古本蒸作衆

民之秉夷夷常也孔本韓本考文古本同閩監毛三本二夷作彝

故曰人皆有是善者也閩監毛三本足利本同廖本孔本韓本作故曰人皆有善也考文古

本作故言人皆有善也

章指言天之生人皆有善性引而趨之善惡異衢高下相懸賢愚舛殊尋其本者乃能一諸

非天降下才性與之異也　閩監毛三本同廖本孔本韓本無也字

以飢寒之戹　閩監毛三本同孔本韓本考文古本戹作阨音義出阨字

樹之時又同　石經此文漫漶樹似諱作植

貽我來麰　各本同考文古本來作麥

地之有肥磽耳　各本同足利本地上有如字

古賢人也　閩監毛三本同岳本孔本韓本考文古本人作者

誰不同也　閩監毛三本同宋本廖本孔本韓本考文古本下有草食曰芻穀養曰豢八字宋本食作牲古

本作性山井鼎云性恐牲誤

章指言人稟性俱有好憎耳目口心所悅者同或爲君子或爲小人猶麰麥不齊雨露使然也孟子言是所以勗而進之

孟子注疏卷十一上校勘記　奉新趙儀吉校

傳古樓景印